DAS NACHINDOSSAMENT
DES
PROTESTIERTEN WECHSELS

VON

DR. IUR. THEODOR BÖHME

LEIPZIG
VERLAG VON VEIT & COMP.
1908

Leipziger juristische Inauguraldissertation

Druck von Metzger & Wittig in Leipzig.

Inhalt.

Einleitung.

Erster Teil.

Grundlegendes.

Erstes Kapitel.

Die Natur des Indossaments der Allgemeinen Deutschen Wechselordnung.

Zweites Kapitel.

Die Natur des Nachindossaments des protestierten Wechsels in der Allgemeinen Deutschen Wechselordnung.

Zweiter Teil.

Darstellung des Indossaments im einzelnen.

Erstes Kapitel.

Die Voraussetzungen des nachprotestlichen Indossaments.

Zweites Kapitel.

Die Formen des nachprotestlichen Indossaments.

Drittes Kapitel.

Die Personen, an die nach Protest indossiert werden kann.

Viertes Kapitel.

Das Verhältnis zwischen Nachindossatar und den Wechselbeteiligten.

Einleitung.

§ 1.

Allgemeines.

Art. 16 der Allgemeinen Deutschen Wechselordnung lautet: „Wenn ein Wechsel indossiert wird, nachdem die für die Protesterhebung mangels Zahlung bestimmte Frist abgelaufen ist, so erlangt der Indossatar die Rechte aus dem etwa vorhandenen Akzepte gegen den Bezogenen und Regreßrechte gegen diejenigen, welche den Wechsel nach Ablauf dieser Frist indossiert haben.

Ist aber der Wechsel vor dem Indossamente bereits mangels Zahlung protestiert worden, so hat der Indossatar nur die Rechte seines Indossanten gegen den Akzeptanten, den Aussteller und diejenigen, welche den Wechsel bis zur Protesterhebung indossiert haben. Auch ist in einem solchen Falle der Indossant nicht wechselmäßig verpflichtet."

Gegenstand unserer Abhandlung soll der zweite Absatz des Art. 16 sein: das Nachindossament des mangels Zahlung protestierten Wechsels.

Man findet es in der Literatur des öfteren ausgesprochen, daß diesem Nachindossamente praktischer Wert in verhältnismäßig geringem Umfange zukomme, weil ein protestierter Wechsel durch das Passivbleiben dessen, auf den in allererster Linie als Zahler gerechnet war, so gut wie entwertet sei, sich daher jeder hüten würde, einen derartigen Wechsel als Indossatar zu erwerben. Mag nun auch tatsächlich das Weiterindossieren protestierter Wechsel eine Erscheinung sein, die nicht zu den alltäglichen im Rechtsleben gehört, so handelt es sich doch immer um eine Erscheinung des praktischen Lebens, nicht nur um eine Theorie, die ohne auch nur den geringsten Zusammenhang mit dem Leben zu haben, in verstaubten Büchern ihr schattenhaftes Dasein fristet. Daß diese Erscheinung eine nicht zu häufige ist, ist jedenfalls kein Grund, von einer näheren Untersuchung derselben abzusehen. Und Eines wird unsres Erachtens vor allen Dingen bei der geringen Wertschätzung des nachprotestlichen Indossaments übersehen: daß nämlich die Tatsache der Protestierung eines Wechsels stets nur von dem Versagen des Hauptschuldners Zeugnis ablegt, daß dagegen die Mitverpflichteten: der Aussteller und die Indossanten, sehr wohl so gut sein können, daß durch die Nichtleistung des Akzeptanten das Papier nicht im mindesten entwertet wird. Man stelle sich z. B. den Fall vor, daß ein Kaufmann, der schnell verreisen muß, für die auf dieser Reise zu machenden Geschäfte einen hohen Geldbetrag braucht. Der Darlehnsgeber verlangt irgend eine Sicherheit, diese in grundbücherlicher Form zu geben, oder sich mit Geschäftsfreunden, die Bürgschaft übernehmen könnten, in Verbindung zu setzen, ist keine Zeit mehr. Der Kaufmann hat nun zufällig einen protestierten Wechsel mit sehr gutem Aussteller und Indossanten in der Hand. Er giriert ihn an den Darlehnsgeber und verschafft ihm dadurch eine gewisse Sicherheit, deren Wert natürlich davon abhängt, daß die Wechselschuldner keine Einreden gegen ihn haben. Ebenso kann es z. B. für jemand, der Zahlung an einen anderen zu leisten hat, deshalb praktisch sein, an seinen Gläubiger einen protestierten Wechsel zu indossieren, weil dieser in Geschäftsverbindung mit einem der Vormänner steht und den Wechsel zur Zahlung im Wege der Verrechnung verwenden kann.[1]

§ 2.

Die anzuwendende Methode.

Bei einer Bearbeitung des nachprotestlichen Indossaments ist der gegebene Weg, mit einer Klarlegung seiner Natur zu beginnen, um dadurch für die Darstellung im einzelnen die nötige

[1] Mittermaier S. 21.

Unterlage zu bekommen. Es ist zunächst festzustellen, nach welcher Methode wir hierbei vorzugehen haben.

Der Name „Nachindossament", sowie der ganze Zusammenhang, in dem dieses Institut in der WO. behandelt ist, legt die Annahme nahe, daß es als eine Unterart des Indossaments bezeichnet werden muß, wie sich denn auch eine große Zahl von Schriftstellern findet, die diese Meinung vertreten. Es ist daher der natürliche, und wohl auch von allen, die sich mit dem Nachindossament beschäftigt haben, eingeschlagene Weg, zunächst die Natur des Indossaments zu untersuchen, um feststellen zu können, ob sich das, was das Wesen des Indossaments ausmacht, auch beim Nachindossament des Art. 16 Abs. II wiederfindet, ob demnach dieses Nachindossament als eine Unterart des Indossaments angesehen werden kann.

Welches sind nun die Quellen, aus denen Klarheit über die Natur des Indossaments gewonnen werden kann?

Da wir eine wechselrechtliche Materie zu behandeln haben, ist es das Zunächstliegende, als die Quelle die Wechselordnung zu bezeichnen. Und man hat auch bisher durchgängig das Wechselindossament als den Typus hingestellt und sich demnach in der Regel darauf beschränkt, die Natur des Wechselindossaments zu entwickeln und daraus für die Natur des Nachindossaments Schlüsse zu ziehen.

Eine 1907 in Leipzig erschienene Dissertation von Ronniger[1] stellt sich nun auf einen anderen Standpunkt als die bisherigen Bearbeiter unseres Themas. Ronniger bekämpft deren Methode. Er weist darauf hin, daß Indossamente im heutigen Reichsrecht vielfach begegnen und nennt das Wechselindossament „nur einen wegen seiner Wichtigkeit mit qualifizierter Wirkung ausgestatteten Spezialfall des Indossaments, wie es in unserem heutigen Reichsrecht zutage tritt."[2] Infolgedessen stellt er die Fälle des Indossaments im heutigen Reichsrecht dar, benutzt also als Quelle nicht nur die WO., sondern auch das HGB. und den Entwurf eines Scheckgesetzes. An sich ist gegen diese Art der Behand-

[1] Ronniger, Das Nachindossament.

[2] Ronniger S. 8.

lung nichts einzuwenden. Es ist an sich nicht ausgeschlossen, daß sich im HGB. und im Scheckgesetz[1] eine Regelung des Indossaments findet, die für dessen Natur ganz neue in der WO. nicht enthaltene Gesichtspunkte bietet.

Geht man jedoch die positivrechtlichen Bestimmungen über das Indossament der handelsrechtlichen Orderpapiere, der indossablen Mitgliedspapiere und des Schecks durch, so findet man diese Erwartung enttäuscht, und das Resultat von RONNIGERS Untersuchung auch diser anderen Quellen ist dasselbe: das Indossament des Schecks enthält, wie das des Wechsels, Anweisung und Verpflichtung,[2] das der handelsrechtlichen Orderpapiere wie das Wechselindossament ohne Obligo Anweisung, keine Verpflichtung,[2] das der indossablen Mitgliedspapiere ist ein unechtes, also überhaupt kein Indossament.[3] Damit gibt also auch RONNIGER zu, daß die Heranziehung dieser Quellen zu dem Zwecke, die Natur des Indossaments klar zu stellen, nicht nötig ist, denn das in diesen Quellen befindliche Indossament ist entweder dasselbe, wie das der WO., oder es ist überhaupt kein Indossament. Und wenn RONNIGER das Wechselindossament einen „mit qualifizierter Wirkung ausgestatteten Spezialfall des Indossaments" nennt,[4] damit also doch wohl sagen will, daß das normale, nicht mit qualifizierter Wirkung ausgestattete Indossament ein anderes ist, so ist hiergegen zu sagen, daß man nicht weiß, wo denn dieses normale Indossament zu suchen ist, und daß die ganze Ausdrucksweise des HGB. und des Scheckgesetzes[5] deutlich ergibt, daß die Regelung ihres Indossaments in Anlehnung an die Regelung der WO. geschieht, demnach das Wechselindossament das normale Indossament, der Typus des Indossaments, bleibt.[6] Im folgenden werden wir demgemäß als Quelle nur die WO., und als Typus des Indossaments das Indossament der Tratte benützen.

---

[1] Das Scheckgesetz ist der fast unverändert angenommene Entwurf.

[2] RONNIGER S. 16, 19, 20. [3] RONNIGER S. 26. [4] RONNIGER S. 8.

[5] Vgl. z. B. §§ 222 Abs. III, 365 HGB.; §§ 8, 16 des Scheckgesetzes.

[6] Der Wert von RONNIGERS Untersuchungen, die die Orientierung auf diesem Gebiete sehr erleichtern, soll übrigens hiermit nicht im mindesten herabgesetzt werden.

Erster Teil.
Grundlegendes.

Erstes Kapitel.
Die Natur des Indossaments der Allgemeinen Deutschen Wechselordnung.

1. Sein Inhalt.

§ 3.
Das Indossament der Tratte.

Die Natur des Indossaments und des Wechsels sind miteinander verwandt. Es steht daher die Dogmatik des Indossaments mit der des Wechsels in engem Zusammenhange. Der Wechsel in der Gestalt der Tratte ist eine Urkunde, auf der der Aussteller in erster Linie den Bezogenen anweist, die Wechselsumme an den Remittenten und dessen Order zu zahlen, und in zweiter Linie — nämlich für den Fall, daß der Bezogene bei Präsentation nicht zahlt — verspricht, selbst die Wechselsumme an den Remittenten und dessen Order zu leisten.[1]

Das Indossament, das der Remittent auf die Tratte setzt, ist seiner Natur nach ebenfalls Anweisung und Verpflichtung; Anweisung in doppelter Richtung: einmal weist der Remittent den Bezogenen an, die Wechselsumme an seinen Delegatar — den Indossatar — zu zahlen; dann weist er aber auch den Aussteller an, für den Fall, daß der Bezogene bei Präsentation versagt, an den Indossatar zu leisten. Verpflichtung ist das Indossament der Tratte in dem Sinne, daß der Remittent verspricht, selbst die Wechselsumme zu geben, falls der Bezogene bei Verfall nicht zahlt.

[1] Dadurch, daß zur Anweisung eine Verpflichtung hinzukommt, unterscheidet sich die Anweisung auf dem Wechsel von der des BGB.

Indossiert der erste Indossatar den Wechsel weiter, so enthält dieses zweite Indossament außer der Verpflichtung des Indossanten drei Anweisungen, nämlich eine an den Bezogenen, eine an den Aussteller und eine an den Remittenten, und so enthält jedes weitere Indossament gegenüber dem vorhergehenden eine Anweisung mehr.

Die Berechtigung des Indossatars aus dem Indossament ist eine völlig selbständige. Der Grund hierfür liegt darin, daß der Aussteller dadurch, daß er sein Wechselversprechen auch zugleich der Order des Wechselnehmers gibt, auch dieser Order die Annahme der Anweisungen offeriert, welche in den eventuell auf den Wechsel kommenden Indossamenten enthalten sind. Diese Offerten vollenden sich mit den Indossamenten, die auf den Wechsel gesetzt werden. Zwischen jedem Indossatar und dem Aussteller ist also ein besonderer Wechselvertrag geschlossen. Entsprechendes gilt für den akzeptierenden Bezogenen sowie für den indossierenden Remittenten und für jeden Indossanten hinsichtlich ihres Verhältnisses zu den Indossataren.

Wie die Verpflichtung des Ausstellers nicht schon mit der Herstellung der Wechselurkunde, so entsteht die Verbindlichkeit des Indossanten nicht schon mit der Niederschrift des Indossaments, sondern erst durch das Geben des mit dem Indossament versehenen Wechsels an den Indossatar. Durch das Nehmen der Wechselurkunde wird der Wechselvertrag perfiziert.[1]

---

[1] Vertreter der Begebungsvertragstheorie: Thöl §§ 55, 57, 58, 61, 95, 113, 125 (S. 213 ff.); Sohm S. 79; Binding S. 400 ff.; Goldschmidt in seiner Ztschr. XXVIII S. 84, 102, XXXVI S. 124 ff.; Ladenburg IX S. 340, XI S. 391, XIV S. 283, XVIII S. 337; Bernstein § 2 zu Art. 9; Büsing S. 19; Renaud S. 178 ff., ROHG. XVII S. 406, XIX S. 31, XXIV S. 1, RG. II S. 90, V S. 82, VIII S. 57, XIV S. 22, XXXV S. 76. — Vertreter der Kreationstheorie: Kuntze in Siebenhaars Archiv .VIII S. 345 ff., XI S. 128 ff., XIV S. 1 ff.; Kuntze u. Brachmann § 14 S. 70 ff.; Volkmar u. Loewy in Goldschmidts Ztschr. S. 552; Riesser ebenda S. 60; Lehmann §§ 62, 65, 69 (S. 211 ff.); v. Canstein § 17 S. 234 ff.; Siegel S. 110 ff., RG. IX S. 56, XXIV S. 90 (nur betreffend Wechselverpflichtung des Akzeptanten). — Mittelstellung: Grünhut, Wechselrecht I S. 266; Staub 4. Auflage, Allgemeine Einleitung III. Anders die 5. Auflage, Allgemeine Einleitung III.

§ 4.

Das Indossament des eigenen Wechsels.

Der eigene Wechsel ist gewissermaßen eine zusammengeschrumpfte Tratte: Aussteller und Bezogener verschmelzen in eine Person. Demnach fällt hier die Anweisung des Ausstellers an den Bezogenen weg: der eigene Wechsel enthält nur ein Versprechen des Ausstellers, dem Nehmer des Wechsels und dessen Order unbedingt zu zahlen. In dem ersten Indossament liegen demgemäß nicht mehr zwei, sondern nur eine Anweisung: die des Remittenten an den Aussteller. Außerdem enthält es, wie das Indossament der Tratte, das Versprechen des Remittenten, falls der Aussteller bei Präsentation versagt, zu zahlen. Auch hier gilt das bei der Tratte hinsichtlich der selbständigen Berechtigung des Indossatars Gesagte.

§ 5.

Klauseln, die den Inhalt des Indossaments als Verpflichtung ändern.

Der Inhalt des Indossaments als einer Verpflichtung des Indossanten kann durch Klauseln beschränkt oder aufgehoben werden. Verbietet der Indossant die Weiterbegebung durch die Worte: „nicht an Order“, so ist er nur noch seinem Indossatar, nicht aber späteren Indossataren wechselrechtlich verhaftet. Fügt er seinem Indossament die Worte: „ohne Obligo“ hinzu, so schließt er j e d e Verpflichtung aus. Ein solches Indossament enthält also dann nur noch eine bzw. mehrere Anweisungen.

2. Seine Wirkungen.

Die Wirkungen des Indossaments sind, entsprechend seinem Inhalt, zweifache: auf der Anweisung beruht die Übertragungswirkung, auf dem Wechselversprechen beruht die Verpflichtungswirkung.

§ 6.

Die Übertragungswirkung.

a) Die Legitimationswirkung.

Nach Art. 36 WO. legitimiert eine zusammenhängende Reihe von Indossamenten, welche bis auf den Inhaber heruntergeht, diesen als Berechtigten des im Wechsel verkörperten Forderungsrechts. Der Wechselschuldner hat die Pflicht, die Formrichtigkeit der Indossamente, sowie die zusammenhängende Reihe: also die formelle Legitimation des Wechselinhabers zu prüfen. Nicht zu prüfen braucht er hingegen die Echtheit der Indossamente und die materielle Legitimation des Wechselinhabers. Die Zahlung an die nach Art. 36 WO. Legitimierten befreit ihn. Das Recht, die Berechtigung des Legitimierten zu prüfen, hat er allerdings.

b) Erwerb der Wechselgläubigerschaft.

Nach Art. 74 WO. erwirbt der gemäß Art. 36 Legitimierte das Recht aus dem Wechsel, die Wechselgläubigerschaft,[1] wenn zu seiner äußeren Legitimation auch noch der gute Glaube kommt. Unter gutem Glauben versteht das Gesetz den Glauben daran, „daß der formellen Gültigkeit des Erwerbsaktes auch die materielle Gültigkeit entspricht."[2] Ausgeschlossen ist der gute Glaube des Wechselerwerbers durch die Kenntnis oder grobfahrlässige Unkenntnis des mangelnden Rechts des Vormanns. Wie schon oben erwähnt und begründet, ist der Erwerb auf Grund der Artt. 74, 36, weil auf besonderem Vertrage mit dem Wechselschuldner beruhend, ein selbständiger, vom Recht des Vormanns unabhängiger. Die Folge hiervon ist, daß Einwendungen, die gegen den Vormann zulässig waren, nicht auch gegen den Erwerber erhoben werden können, es sei denn, daß der Fall des Art. 82 WO. vorliegt, daß nämlich die Einwendungen aus dem Wechselrechte selbst hervorgehen.

---

[1] Die WO. hat den Ausdruck: Eigentümer des Wechsels.

[2] Staub Anm. 3 zu Art. 74.

Eng zusammen mit der Natur der durch das Indossament begründeten Gläubigerschaft des Indossatars hängt ihr Schicksal beim Weiterindossieren. Nach Art. 10 WO. gehen durch das Indossament alle Rechte aus dem Wechsel auf den Indossatar über. Sehr nahe liegt es nun, zu folgern: wenn die Rechte aus dem Wechsel übergehen, so bedeutet dies, daß ein früher Berechtigter aufhört und ein neuer Berechtigter anfängt, die Rechte zu besitzen. In der Tat wird diese Meinung vertreten, und zwar von keinem Geringeren als Grünhut.[1] Nach ihm gibt es nur einen Wechselgläubiger gegenüber den verschiedenen Wechselschuldnern. Allerdings läßt er die Rechtsaufgabe des Indossanten nicht unbedingt, sondern unter der Resolutivbedingung erfolgen, daß die Aufgabe aufhören, das Recht also wieder aufleben soll, wenn der Indossant den Wechsel im Regreßwege zurückerlangt. — Dieser Meinung ist jedoch nicht beizupflichten. Denn wäre sie richtig, hörte der Indossant mit dem Indossament auf, Berechtigter zu sein, so dürfte er bis zum Augenblicke der Wiedereinlösung überhaupt kein Recht haben. Und doch kann er nach Art. 26 und Art. 29 WO. Sicherheitsregreß mangels Annahme oder wegen Unsicherheit nehmen, also nicht unerhebliche Wechselrechte ausüben. Wenn Grünhut sagt: dies sei nicht eine Folge des Umstandes, daß der Indossant Wechselgläubiger geblieben sei, sondern, daß er es wieder werden könne, so kann man doch nicht umhin, diese Erklärung als etwas gesucht zu bezeichnen. — Grünhut führt denn auch seine Theorie von der auflösend bedingten Aufgabe des Gläubigerrechts nicht folgerichtig durch, denn da nach den Grundsätzen des bürgerlichen Rechts der Bedingungseintritt keine rückwirkende Kraft hat, so müßte Grünhut das Aufleben des alten Rechts von dem Zeitpunkte der Wiedereinlösung im Regreßwege datieren.[2] Dies tut er aber nicht, sondern er nimmt den früheren Zustand als zurückgekehrt an, „so als ob der einlösende Vormann die Wechsel niemals begeben hätte“.

---

[1] Grünhut, Wechselrecht I § 28 S. 291.

[2] Vgl. hierzu auch die Art der Beweisführung gegen Bernstein bei Staub, Ende von Anm. 6 zu Art. 10.

Die herrschende Meinung[1] zu der auch wir uns bekennen, hält im Gegensatze zu dem Wortlaut des Art. 10, gerade mit Rücksicht auf die Bestimmungen der Artt. 26, 29 daran fest, daß der weiterindossierende Indossatar sein Gläubigerrecht nicht aufgibt, sondern nur dessen Geltendmachung durch die Wiedereinlösung im Regreßwege aufschiebend bedingt.[2] Hiernach tritt zwar die Möglichkeit der Geltendmachung des Rechts erst mit dem Existentwerden der Bedingung ein, das Recht selbst aber ist von dem ursprünglichen Erwerb an zu datieren, denn sein Inhaber hat es nie verloren.

Fügt der Indossant seinem Indossamente die Klausel: „ohne Obligo" hinzu, so lehnt er es ab, im Regreßwege bei Nichtannahme, Unsicherheit und Nichtzahlung in Anspruch genommen zu werden. Die Frage ist, ob dies einen Einfluß auf das Fortbestehen seines Gläubigerrechts ausübt, oder nicht. Und hier müssen wir allerdings GRÜNHUTS Ansicht von der Aufgabe des Gläubigerrechts beim Weiterindossieren zustimmen. Daß der normale Indossant sein Gläubigerrecht behält, beruht darauf, daß er es behalten will. Daß er es behalten will, hat seinen Grund darin, daß er zur Einlösung im Regreßwege verpflichtet ist und daher ein lebhaftes Interesse daran hat, sein altes Recht frei von Einreden aus der Person anderer wiederzuerlangen. Der Indossant ohne Obligo erklärt von vornherein, daß er eine Verpflichtung, den Wechsel wiederzuerwerben, ablehnt. Wenn er den Wechsel nach Verfall einlöst, so tut er es aus freiem Willen. Ein Interesse, bei einer etwaigen späteren Einlösung sein altes Recht un-

[1] ROHG. XXIV S. 1 ff. (Plenarentscheidung); RG. IV S. 255 ff., XXI S. 440 ff., XXXIV S. 50 ff.; BOLZE II Nr. 806, VI Nr. 399; GOLDSCHMIDT in seiner Ztschr. XXVIII S. 63 ff., bes. S. 93; LEHMANN § 66 S. 256 ff.; RENAUD S. 90; derselbe in SIEBENHAARS Archiv S. 277, bes. S. 331.

[2] Als dergestalt aufschiebend bedingtes Recht gehört das Wechselgläubigerrecht des Indossanten zu den Forderungen des § 67 Konkursordnung, berechtigt also zu einer Sicherung. Es kommt jedoch, soweit sich der Hauptgläubiger selbst am Konkurs beteiligt, nicht neben dem Konkursanspruche desselben in Wirksamkeit, da dann im Konkurs nebeneinander zwei Gläubiger befriedigt werden würden, von denen außerhalb des Konkurses nur der eine oder der andere vom Hauptschuldner befriedigt worden wäre. Vgl. RG. XIV S. 172; JAEGER Anm. 5 zu § 67 Konkursordnung.

geschmälert wiederzuerwerben, hat er also nicht. Es kann daher nicht gesagt werden, daß er sein Gläubigerrecht beim Weiterindossieren behalten will, und demnach muß die Schlußfolgerung lauten, daß er es unbedingt aufgibt. Wir werden hierauf bei Darstellung des nachprotestlichen Rückindossaments wieder zu sprechen kommen.

c) Erwerb des Wechseleigentums.

Unter den in Art. 74 WO. angegebenen Voraussetzungen erwirbt der nach Art. 36 WO. Legitimierte neben der Wechselgläubigerschaft auch das Eigentum am Wechsel. Ob die WO., wenn sie von Wechseleigentum spricht, das (dingliche) Recht am Papier meint, erscheint zweifelhaft. Es muß wohl zugegeben werden, daß der Gesetzgeber beim Gebrauch des Ausdrucks Wechseleigentum an sich nicht an das Eigentum am Papier gedacht hat, sondern, in einem heute immer mehr außer Übung kommenden Sprachgebrauche, an das Eigentum an der Forderung, an das (obligatorische) Recht aus dem Papiere.[1] Die Frage ist nur, ob nach dem heute geltenden Rechte diese ursprünglich bestehende Auffassung nicht eine zeitgemäße Umdeutung erfahren muß. Grünhut spricht, in engem Anschlusse an die Auffassung der Verfasser der WO. verbleibend, von einer qualifizierten Detention des Papiers — die das Wesentliche sei und das Forderungsrecht aus dem Papier gleichsam als Akzessorium notwendig nach sich ziehe — und von einer nuda proprietas am Papier, die dieser Detention gegenüber vollständig in den Hintergrund trete. Es ist nun aber doch zu bedenken, daß die Wechselurkunde nicht um ihrer selbst willen, sondern wegen des in ihr verbrieften Rechts da ist,[2] und daß § 952 BGB. diesem Gedanken in ausgiebiger Weise Geltung verschafft hat. Sollte man sich nur deshalb, weil zur Zeit der Entstehung der Wechselordnung dieser Rechtsgedanke noch nicht die feste Form und die Anerkennung gefunden hatte wie jetzt, an den Buchstaben klammern und in

---

[1] Grünhut, Wechselrecht I Anm. 32 zu § 28.
[2] Rauth S. 30, 37, 45 ff.

der doch unbestreitbar etwas gekünstelten Trennung von nuda proprietas und qualifizierter Detention den besten Ausweg sehen? Dies ist zu verneinen. Es ist vielmehr auch für den Wechsel das Gläubigerrecht als das Wesentliche, und das Eigentum — nicht die bloße qualifizierte Detention — als das Akzessorium anzusehen.[1]

Wenn POESCHEL[2] von der eben behandelten Meinungsverschiedenheit über den Erwerb des Wechseleigentums sagt, diese Differenz sei nicht von praktischer Bedeutung, so geht das unsres Erachtens doch etwas zu weit. Nun ist allerdings GRÜNHUTS Beispiel für die vorliegende Frage von der Niederschrift einer Wechselurkunde auf einem Raphael ohne Zweifel etwas sehr weit hergeholt. Eher möglich ist aber doch der Fall, daß ein berühmter Mann kurz vor seinem Tode einen Wechsel an eigene Order ausstellt und ihn an einen Dritten indossiert, hierbei aber wahnsinnig war. Der Dritte, der an die in Wahrheit nicht mehr vorhandene Geschäftsfähigkeit des Ausstellers geglaubt hat, ist nach der richtigen Meinung Wechselgläubiger und damit auch Eigentümer des Papiers geworden. Nach der anderen Ansicht ist er zwar Wechselgläubiger,[3] Papiereigentümer sind jedoch der Aussteller bzw. dessen Erben.[4] Da die Urkunde als Autogramm einen hohen Wert hat, wird hier die Streitfrage über den Erwerb des Wechseleigentums sofort von Bedeutung. Die Seltenheit derartiger Fälle darf nicht dazu verführen, den Streit als praktisch belanglos hinzustellen.

§ 7.

Die Verpflichtungswirkung.

Nach Art. 14 WO. haftet der Indossant jedem späteren Inhaber des Wechsels für dessen Annahme und Zahlung wechsel-

---

[1] Ebenfalls der Meinung, daß der Indossatar Eigentümer der Urkunde und Gläubiger zugleich ist, sind, wenn auch mit anderer Formulierung und Begründung, ROHG. VI S. 44 ff., bes. S. 53 unten; STAUB Anm. 2 zu Art. 10.

[2] POESCHEL S. 11 ff.

[3] GRÜNHUT, Wechselrecht I Anm. 33 zu § 28.

[4] Vgl. STAUDINGER Anm. II 1 d zu § 932.

mäßig. Diese Haftung ist die Folge der Tatsache, daß im Indossament neben der Anweisung auch ein verpflichtendes Versprechen enthalten ist. Die Haftung des Indossanten kommt zum Ausdruck beim Zahlungs- und Sicherheitsregreß.

3. Seine aus Inhalt und Wirkung sich ergebenden Kennzeichen.

§ 8.

Von den aus dem Inhalte des Indossaments sich ergebenden Wirkungen ist die Verpflichtungswirkung nicht essentiale, sondern naturale negotii,[1] wie aus der Möglichkeit eines Wechselindossaments mit der Klausel ohne Obligo erhellt. Das für uns allein maßgebende Vorindossament der WO. — und daher das Indossament überhaupt — muß aber unbedingt eine Anweisung enthalten und damit die volle Übertragungswirkung haben. Ein Rechtsinstitut, in dem keine Anweisung liegt, ist kein Indossament. Nach Grünhut[2] besteht die wesentliche und eigentlich charakteristische Wirkung des Indossaments darin, daß es den gutgläubigen Besitzerwerber formell legitimiert. Es genügt hiernach also, daß ein Rechtsgebilde eine (von uns in § 6 unter a besprochene) Folge der Anweisungsnatur enthält, aber keineswegs ist erforderlich, daß in ihm wirklich eine Anweisung selbst liegt, um es als Indossament erscheinen zu lassen. Diese Ansicht Grünhuts steht und fällt mit ihrer Voraussetzung, daß das Indossament lediglich eine Legitimationsform sei,[3] daß ihm die Wirkung der Rechtsübertragung nicht als solchem zukomme, sondern daß diese auf der eigentümlich potenzierten Kraft des Willens des Ausstellers beruhe.[4] Von unserem, am Eingang dieses Paragraphen gekennzeichneten Standpunkte aus können wir dieser Ansicht Grünhuts nicht zustimmen. Daß ein Rechtsgebilde die Legitimationswirkung hat, macht es noch nicht zum Indossament.

---

[1] Vgl. Staub, Anm. 3 zu Art. 14.
[2] Grünhut, Wechselbegebung S. 32.
[3] Derselbe, ebenda S. 13. [4] Derselbe, ebenda S. 12 unten.

Zweites Kapitel.

Die Natur des Nachindossaments des protestierten Wechsels in der Allgemeinen Deutschen Wechselordnung.

§ 9.

I. Könnte das nachprotestliche Indossament an sich — abgesehen von der positivrechtlichen Regelung — ein Indossament sein?

Das Nachindossament des protestierten Wechsels ist nur die eine Art des Nachindossaments, aber die interessantere. Wenn beim Nachindossament des präjudizierten Wechsels auch über einzelne Fragen Streit herrscht, so ist seine positivrechtliche Regelung doch eine derartige, daß seine Natur klar liegt: es ist ein Indossament, genau wie das normale, das Vorindossament, mit Übertragungs- und Verpflichtungswirkung.

Ist nun auch das Nachindossament des protestierten Wechsels, so fragen wir jetzt, ein Indossament mit Übertragungs- und Verpflichtungswirkung? Enthält es zum mindesten die für das Indossament charakteristische Anweisung?

Wir beantworten die letztere Frage vorerst ohne Rücksicht auf die positivrechtliche Regelung des Art. 16 II, lediglich aus der Natur des Wechsels heraus. Welche Bedeutung — das ist die hier zu stellende Vorfrage — haben Verfalltag und Protest für den Zustand des Wechsels und damit für das Nachverfallindossament?

Eine gewisse Richtung in der Literatur sieht im Verfalltage das Ende des Lebenslaufs des Wechsels.[1] Diese Ansicht ist jedoch abzulehnen. Auch nach Verfall und Protest können wechselrechtliche Handlungen mit wechselmäßiger Wirkung noch vorgenommen werden. Erst mit dem Ablauf der dreijährigen Verjährungsfrist ist die Wechselkraft definitiv erloschen.[2] GRÜNHUT mißt der Verfallzeit ebenfalls eine überaus einschneidende Bedeutung bei.[3] An

[1] Vgl. VOLKMAR u. LOEWY S. 80.

[2] Ebenso Protokolle S. 27; MITTERMAIER S. 10 ff., 25.

[3] GRÜNHUT, Wechselrecht II § 94 S. 168 ff.

Stelle des Zahlungsversprechens, das zu einer bestimmten Zeit erst in Zukunft erfüllt werden soll, liegt nunmehr ein Zahlungsversprechen vor, dessen Erfüllung schon in der Vergangenheit hätte verlangt werden können. Aus dieser veränderten Sachlage folgert er unter eingehender Begründung, daß durch die Begebung nach dem natürlichen Zeitpunkte für die Einlösung der Verbindlichkeit die im Zeitpunkt des Verfalls bereits begründeten materiellen Rechtsverhältnisse zwischen Wechselgläubigern und Wechselschuldnern nicht mehr wechselrechtlich beeinflußt werden können, daß also die Begebung nach Verfall für den Nachindossatar keine selbständigen Rechte erzeugen, sondern auf ihn nur abgeleitete Rechte übertragen sollte. — Nach dieser Ansicht ist also die in Art. 16 Abs. I erfolgte Regelung eine Abweichung von der Norm, während die des Abs. II dem Wesen und der Bedeutung der Wechselerklärungen und der Verfallzeit entspricht.

Auch Grünhuts Meinung kann hier nicht beigepflichtet werden. Wenn er behauptet, der Inhaber zur Verfallzeit sei definitiver Gläubiger geworden, der Wechselschuldner speziell der Akzeptant wolle nur dem gutgläubigen legitimierten Besitzer zur Verfallzeit zahlen, so steht dem Art. 44 ff. WO. entgegen, wonach jeder gehörig Legitimierte zur Geltendmachung der Ansprüche aus dem Wechsel befugt ist. Man kann demnach nicht sagen, der Verfalltag habe die Bedeutung einer Katastrophe. Der Verfalltag bezeichnet vielmehr lediglich den Zeitpunkt, von dem an der Bezogene an den Wechselinhaber zahlen und dieser sein Forderungsrecht einklagen kann. Auch die Konferenz ist übrigens der Meinung gewesen, daß der Verfalltag die Natur des Wechsels nicht verändere. Laut den Protokollen nahm die Mehrheit an, „daß auch ein verfallener Wechsel, solange er nicht protestiert worden sei, mit voller wechselmäßiger Wirkung indossiert werden könne".

Hat der Verfalltag keinen verändernden Einfluß auf die Natur des Wechsels, so bleibt noch zu untersuchen, ob nicht dem Proteste diese Rolle zukommt. Dieser Gedanke ist jedoch erst recht abzulehnen. Die Protesterhebung ist ein besonders formeller Beurkundungsakt, dessen Notwendigkeit sich aus der Wechselstrenge ergibt. Auf die Natur des Wechsels und der eingegangenen

Verpflichtungen kann ein derartiger Beurkundungsakt keinen Einfluß ausüben.[1]

Von der positivrechtlichen Regelung abgesehen ist also zu sagen, daß Verfalltag und Protest nicht die einschneidende Wirkung haben, wie sie ihnen vielfach in der Literatur beigelegt wird, daß auch das Indossament nach Protest, wie das des präjudizierten Wechsels, für an sich fähig erklärt werden muß, eine Anweisung zu tragen, demnach an sich als Indossament bezeichnet werden kann.

§ 10.

2. Welches ist die positivrechtliche Regelung des nachprotestlichen Indossaments?

Die positivrechtliche Regelung in Art. 16 Abs. II WO. ist im teilweisen Gegensatze zu dem im vorstehenden Paragraphen Ausgeführten die folgende: a) es fehlt die Verpflichtungswirkung, Art. 16 Abs. II Satz 2 lautet: „auch ist in einem solchen Falle (nämlich des nachprotestlichen Indossaments) der Indossant nicht wechselmäßig verpflichtet.“ Diese Regelung ergibt sich aus dem Verkehr von selbst. Beim protestierten Wechsel ersieht der Nachindossatar aus dem Proteste, daß der Wechsel nicht eingelöst ist. Wenn er trotzdem den Wechsel erwirbt, so darf angenommen werden, daß er gegen seinen Indossanten überhaupt nicht regredieren will — er wird ja auch in der Regel dem Indossanten viel weniger als die Wechselsumme geben.[2] Es wäre ein Widersinn,[3] wollte man aus rein theoretischen Gesichtspunkten, unter Ignorierung der praktischen Gegengründe dem Nachindossanten die Übernahme einer Garantie aufbürden, wo derjenige, dem gegenüber garantiert werden soll, ohne weiteres sieht, daß er ein diskreditiertes Papier vor sich hat.

Trotz dieses Mangels der Verpflichtungswirkung würde das nachprotestliche Indossament ein Indossament bleiben, denn wie

---

[1] So auch GRÜNHUT, Wechselbegebung S. 39.

[2] GRÜNHUT, Wechselrecht II Anm. 6 zu § 94.

[3] Andrer Meinung WOLFF S. 137 ff., bes. S. 164.

oben dargelegt worden ist, gehört die Verpflichtungswirkung nicht zu den wesentlichen Eigenschaften des Indossaments.

b) Es fehlt von den drei Äußerungen der Übertragungswirkung der originäre Erwerb der Wechselgläubigerschaft (abgesehen von einer Ausnahme).

Art. 16 Abs. II Satz 1 lautet: „Im Falle des nachprotestlichen Indossaments hat der Indossatar nur die Rechte seines Indossanten gegen den Akzeptanten, den Aussteller und diejenigen, welche den Wechsel bis zur Protesterhebung indossiert haben." Die Bedeutung dieser Vorschrift ist bestritten.

Reißt man sie aus dem Zusammenhange, in dem sie steht, heraus, dann sagt sie nicht mehr und nicht weniger, als daß der Nachindossatar sein Forderungsrecht derivativ erwirbt, daß also das Nachindossament in materieller Beziehung wie eine Zession wirkt. Hieraus alle Konsequenzen gezogen, würde bedeuten, daß jeder Mangel im Rechte des Vormanns auch dem Rechte des Indossatars anhaftet. Um sich der Tragweite dieses Satzes klar bewußt zu werden, empfiehlt es sich, wie Hoffmann[1] zweierlei Arten von Einwendungen zu unterscheiden, nämlich

α) einmal die, welche jeden Vorschuldner gegen einen bestimmten Nachindossanten auf Grund der mangelnden Aktivlegitimation des Nachindossanten zustehen, und

β) solche, die für einen bestimmten Vorschuldner gegen einen bestimmten Nachindossanten begründet sind.

Beide Arten von Einwendungen würden nach dem obigen Satze dem nachprotestlichen Indossatar entgegengehalten werden können. Es würde also z. B., wenn der Nachindossant den Wechsel im bösen Glauben erworben hat, also nach Art. 74 WO. nicht Wechselgläubiger geworden ist, auch der Nachindossatar durch das nachprotestliche Giro keine Rechte erwerben können, selbst wenn er in gutem Glauben wäre. (Einrede der unter α genannten Art.). Und es würde der Wechselschuldner, wenn er dem Nachindossanten bereits Zahlung geleistet hat, die Einrede der Zahlung auch dem Nachindossatar mit Wirksamkeit entgegenhalten können. (Einwendung der unter β genannten Art.)

---

[1] Hoffmann nach Siebenhaars Archiv S. 225 ff., bes. S. 241 u.

Diese Auffassung mit ihren Konsequenzen findet sich in der Literatur bei SCHINDELHAUER[1] vertreten. Er formuliert dieselbe in Anlehnung an HOFFMANN[2] in der Weise, daß der in Art. 16 Abs. II statuierte derivative Rechtserwerb des Nachindossatars sowohl für die die Aktivlegitimation betreffenden Rechte an dem Wechsel (Einwendung unter α) als auch für die die Passivlegitimation betreffenden Rechte aus dem Wechsel (Einwendung unter β) gelte.

Halten läßt sich diese Auffassung nicht. Daß freilich bei dem Wortlaute des Art. 16 Abs. II die Gefahr besteht, auf eine solche Auslegung zu kommen, soll nicht geleugnet werden.

Auf entgegengesetztem Standpunkte wie SCHINDELHAUER steht RONNIGER. Er erblickt im nachprotestlichen Indossamente eine Zession mit der Besonderheit, daß der Zessionar (Nachindossatar) seine Rechte originär erwirbt, und zwar sowohl die die Aktivlegitimation betreffenden Rechte am Wechsel, als auch die die Passivlegitimation betreffenden Rechte aus dem Wechsel.[3] Nach RONNIGER kann also z. B. der Akzeptant dem nachprotestlichen Indossatar nur die in Art. 82 WO. normierten Einwendungen entgegensetzen, dagegen weder die Einwendung der mangelnden aktiven materiellen Legitimation des Nachindossanten, noch die der Zahlung, der rechtskräftig entschiedenen Sache und ähnliche. Diese Ansicht ist unseres Erachtens durch Art. 16 Abs. II nicht zu begründen.

Die richtige Meinung[4] hält sich in der Mitte zwischen beiden geschilderten Extremen. Sie kettet sich nicht an den Wortlaut der Gesetzesbestimmung, aber sie geht auch nicht über die Grenzen hinaus, die dem Interpreten bei aller Freiheit gesetzt sind. Sie faßt den Art. 16 Abs. II so wie er natürlicherweise gefaßt werden muß: als Teil eines Ganzen, als eine der mannigfachen Bestimmungen über das Wechselindossament. Sie geht hierbei vor allen Dingen davon aus, daß Art. 74 nicht übersehen werden darf, der keinen Unterschied macht zwischen dem Indossatar nach und vor

---

[1] SCHINDELHAUER S. 35, 36.

[2] HOFFMANN in SIEBENHAARS Archiv S. 241 unten.

[3] RONNIGER S. 30 ff.

[4] Vertreten besonders von GRÜNHUT, Wechselrecht II § 94 S. 167.

Verfall bzw. Protest, sondern ganz allgemein bestimmt, daß „der nach Art. 36 legitimierte Besitzer eines Wechsels nur dann zur Herausgabe angehalten werden kann, wenn er den Wechsel im bösen Glauben erworben hat oder ihm bei der Erwerbung des Wechsels eine grobe Fahrlässigkeit zur Last fällt“. So ergibt sich aus dieser Heranziehung des Art. 74 die Folgerung, daß, um in der einmal angewandten Formulierung zu reden, unter den derivativ erworbenen Rechten des Nachindossatars offenbar nicht die die Aktivlegitimation betreffenden Rechte am Wechsel verstanden werden können, daß also dem gutgläubigen, nach Art. 36 WO. gehörig legitimierten Nachindossatar nicht vom Wechselverpflichteten die an sich jedem Vorschuldner zustehende Einrede entgegengehalten werden kann, daß dem Nachindossanten die aktive materielle Legitimation gefehlt habe. Die richtige Meinung geht aber nun nicht so weit, dem Nachindossatar den originären Erwerb der ganzen Wechselgläubigerschaft zuzubilligen, also auch die Einreden gegen ihn abzuschneiden, die einem bestimmten Wechselverpflichteten gegen den Nachindossanten zustehen, wie z. B. die Einrede der Zahlung, Aufrechnung und ähnliche.

Es soll nicht verhehlt werden, daß auch der Auffassung des Art. 16 Abs. II, die wir vertreten, nicht nachgerühmt werden kann, daß sie die Schwierigkeit in eleganter, restlos befriedigender Weise aus der Welt schaffe. Eine derartige Lösung scheint uns bei der vorliegenden lückenhaften gesetzlichen Regelung aber überhaupt unmöglich; Hoffmann und Grünhut behaupten mit vollem Recht, daß Art. 16 Abs. II in seiner Fassung nicht ganz klar ist.[1] Man darf sich daher nicht wundern, wenn der Ausweg, den die Wissenschaft hier findet, nicht einer schönen, ebenen Straße, sondern einem sich mühsam windenden Pfade gleicht.

c) Nicht fehlt dagegen von den drei Äußerungen der Übertragungswirkung die formelle Legitimation und der Erwerb des Eigentums am Papier.

α) Die formelle Legitimation.

Wenn der Gesetzgeber das in Art. 16 Abs. II geregelte Rechtsgebilde Indossament nennt, so ist die natürliche Auslegung dieses

[1] Anderer Meinung Schindelhauer S. 35 unten.

seines Vorgehens die, daß es alle Eigenschaften haben soll, die beim normalen Indossament zu finden sind, mit Ausnahme derjenigen, die ihm durch ausdrückliche Bestimmung genommen werden. Betreffs der formellen Legitimation meint JOLLY[1] im Gegensatz hierzu, daß der Nachindossatar auf die dem eigentlichen Indossatar zustehende einfache Legitimationsart durch äußerlich ordnungsmäßige Indossamente keinen Anspruch habe, vielmehr seine Legitimation vollständig beweisen, also die Echtheit der Unterschrift seiner sämtlichen nachprotestlichen Vormänner dartun muß. Mit Recht weist GRÜNHUT[2] darauf hin, daß dann der Wechsel zu einem gewöhnlichen Schuldschein würde.

β) Der Eigentumserwerb am Papier.

Dieselben Gründe, die uns veranlassen, dem nachprotestlichen Indossament die Legitimationswirkung zuzuerkennen, müssen uns bestimmen, durch dasselbe den Nachindossatar auch das Eigentum am Papier erwerben zu lassen, freilich immer nur als Nebenwirkung des Erwerbs des Gläubigerrechts, daher auch in Abhängigkeit von dessen Schicksal.

§ 11.

3. Welches ist nach der positiv-rechtlichen Regelung die Natur des nachprotestlichen Indossements?

a) Ist es Indossament?

Da der Nachindossatar, abgesehen von der Aktivlegitimation, seine Rechte nicht originär erwirbt, ist das Nachindossament auch nicht fähig, eine Anweisung zu enthalten, denn das Wesen der Anweisung besteht darin, daß der Anweisungsempfänger von der Annahme des Angewiesenen an gegen diesen selbständige Rechte erlangt.[3] Die Anweisung ist aber das charakteristische Merkmal

[1] JOLLY S. 37 ff. — Der richtigen Meinung OLG. Colmar v. 15. Dezember 1905 im Recht 1906 S. 127.

[2] GRÜNHUT, Wechselbegebung S. 36. Vgl. z. B. auch STRANZ, Anm. 18 zu Art. 16.

[3] Vgl. die Regelung in § 784 BGB.

des Indossaments. Daher können wir das nachprotestliche Indossament, obwohl sich gewisse Eigenschaften des normalen Indossaments auch bei ihm finden, doch als Indossament nicht bezeichnen.

b) Ist es Zession?

Es ist nicht ohne Reiz, sich eine kleine Auslese der Antworten vor Augen zu führen, die Wissenschaft und Rechtsprechung auf die Frage nach der Natur des nachprotestlichen Indossaments geben. So sagt v. Canstein:[1] „Das Indossament nach Protest wirkt zessionsartig, aber es liegt keine Zession vor“, Rehbein[2]: „der Nachindossatar des protestierten Wechsels erlangt kein selbständiges Wechselrecht, sondern tritt nur wie ein Zessionar in die Rechte des ersten Nachindossanten als dessen Rechtsnachfolger ein; Indossament liegt nicht vor.“ Lehmann:[3] „Das nachprotestliche Indossament bewirkt nur eine Zession.“ Das Reichsoberhandelsgericht:[4] „es gewährt nur die Befugnisse einer zivilrechtlichen Zession“, das Reichsgericht: „es ist seiner Wirkung nach beschränkt, gleichwohl hat es für die Legitimation die Bedeutung eines Indossaments und nicht einer Zession“,[5] „es wirkt nur wie Zession.“[6]

Auf den Standpunkt, daß es eine Zession ist[7], wenn auch eine Zession besonderer Art, stellt sich, wie schon oben erwähnt, Ronniger

Er kommt zu diesem Ergebnis, weil auch er dem nachprotestlichen Indossamente die Indossamentsnatur abspricht Ist Ronnigers Ausweg aber wirklich der einzige? Jolly,[8] dem wir hinsichtlich der W i r k u n g e n des nachprotestlichen Indossaments in keiner Weise beistimmen können, sagt h i e r ü b e r sehr richtig: „Kommt dem nach Protest mangels Zahlung vorgenommenen

---

[1] v. Canstein Anm. 27 zu § 20.

[2] Rehbein Anm. 23 zu Art. 9—17.

[3] Lehmann § 124 S. 495.

[4] ROHG. II S. 62 ff.

[5] RG. XXIII S. 49 ff.

[6] RG. I S. 293 ff.

[7] Ronniger S. 36. Ebenso Brentano Anm. 9 zu Art. 16; Hartmann S. 475 ff., bes. S. 491.

[8] Jolly S. 37 ff., bes. S. 44.

Indossamente die materielle Bedeutung und Wirkung eines Indossaments nicht zu, so ist es darum noch nicht eine Zession", und auch COHN[1] kommt zu dem Ergebnisse, daß es sich nicht empfiehlt, dem Nachindossamente in allen Fällen die Wirkung einer Prokura oder einer Zession zuzuschreiben. Er verweist darauf, daß es den verschiedensten Absichten der Parteien dienen muß, und er nennt es daher eine Verletzung der Wahrheit, eine Fiktion, die mit den tatsächlichen Verhältnissen oft genug in grellem Widerspruche steht, wenn jedes Nachindossament als Zession oder Vollmacht ausgegeben wird. Dem ist vollkommen beizustimmen. Ist auch der für die Zession charakteristische derivative Rechtserwerb zum Teil, nämlich hinsichtlich der die Passivlegitimation betreffenden Rechte aus dem Wechsel, vorhanden, so fehlt er doch hinsichtlich der Aktivlegitimation. Auch fehlt bei der Zession die formelle Legitimation. Man kommt eben über die Schwierigkeit nicht hinweg, daß dem Zessionar der gute Glaube nichts nützt, sobald der Zedent kein Recht hatte, und daß der nachprotestliche Indossatar als Zessionar die Pflicht haben müßte, auf Erfordern des Wechselschuldners den Beweis der Echtheit des auf ihn lautenden Indossaments zu erbringen.[2] Nach der richtigen Ansicht, die auch von RONNIGER geteilt wird, gibt das nachprotestliche Indossament im Gegensatz hierzu die formelle und die aktive materielle Legitimation, ja RONNIGER läßt den Nachindossatar die Wechselgläubigerschaft sogar in dem Sinne selbständig erwerben, daß ihm nur die Einwendungen des Art. 82 WO. entgegengesetzt werden können. Ein derartiges Rechtsgebilde Zession zu nennen und die Tatsache, daß es sich fast in allen Punkten von der Zession unterscheidet, damit unschädlich zu machen, daß man es als eine „besondere Art" von Zession bezeichnet, ist unsres Erachtens nicht angängig. Will man das nachprotestliche Indossament durchaus unter eines der beiden Schemata Indossament oder Zession bringen, dann scheint es uns immer noch richtiger, von einer besonderen Art des Indossaments zu reden.

---

[1] COHN S. 124.

[2] Ebenso WOLFF S. 137 ff., bes. S. 167 unten.

c) Was ist es nach der richtigen Meinung?

Unsres Erachtens liegt weder ein Zwang vor, das nachprotestliche Indossament als Indossament zu bezeichnen, noch besteht die Notwendigkeit, in ihm eine Zession zu sehen. Wir stehen vor der Tatsache, daß sich aus einem Rechtsgebilde Wirkungen ergeben, die man teils beim Indossament, teils bei der Zession findet, daß aber die dem Indossament oder der Zession wesentlichen Eigenschaften nicht in einer Weise die andern überwiegen, daß man sich für eins von beiden entscheiden müßte. Wir haben hier einen der Fälle vor uns, in denen Kaufmann und Gelehrter zusammengearbeitet und sich gegenseitig Konzessionen gemacht haben. Ganz natürlich, daß das hieraus entstehende Produkt sich nicht glatt in die vorhandenen Schemata einreihen läßt.

Wir sehen daher mit STAUB im Indossament nach Protest eine eigentümlich wechselrechtliche Form, um einen Dritten zur Geltendmachung der Rechte des Wechselgläubigers in die Lage zu setzen, ihm diese Rechte zu verschaffen. Es ist eine Rechtsübertragung sui generis, ein Rechtsgebilde, für das die Vorschriften der WO. maßgebend sind, sonst nichts.

Von diesem Standpunkt aus werden wir im folgenden das Indossament nach Protest im einzelnen behandeln.

Zweiter Teil.

Darstellung des Indossaments nach Protest im einzelnen.

Erstes Kapitel.

Die Voraussetzungen des nachprotestlichen Indossaments.

§ 12.

I. Ein Wechsel.

Träger des Nachindossaments muß ein Wechsel sein. Dieser kann die Form der Tratte oder des eigenen Wechsels haben. Unfähig, ein Indossament nach Protest zu tragen, ist der Rektawechsel. Es ist dies freilich bestritten.[1] Bei der Entscheidung dieser Frage ist davon auszugehen, daß das vom Aussteller ausgesprochene Verbot der Weiterbegebung dem Wechsel von seiner Entstehung an die Eigenschaft eines begebbaren Papiers entzieht. Keines der auf den Wechsel gebrachten Indossamente hat wechselrechtliche Wirkung.[2] Es ist wechselmäßig nicht vorhanden. Da wir nun im nachprotestlichen Indossament, wenn auch kein echtes Indossament, so doch noch weniger eine Zession gefunden haben, da es uns als ein dem Wechselrecht eigenes Institut erscheint, für das nur die Bestimmungen der WO. gelten, das mit eigentümlich wechselrechtlichen Wirkungen ausgestattet ist, die sich sämtlich auch beim Vorindossament finden, so liegt für uns keine Veranlassung vor, in der Frage der Weiterindossierbarkeit des Rektawechsels einen Unterschied zwischen vor- und nachprotestlichem Indossament zu machen. Der nachprotestliche Indossatar eines Rektawechsels wird also durch das Nachindossament nicht wechselrechtlich legitimiert. Daß in der nachprotestlichen Begebung eine Zession liegen kann, schließt dies nicht aus.[3]

[1] Anderer Meinung als wir: Staub Anm. 7 zu Art. 9; Bernstein § 4, 2 zu Art. 9.

[2] ROHG. XIV S. 61; Hagen Anm. 2 zu Art. 9 WO.

[3] Vgl. Grünhut, Wechselrecht II § 82 S. 91 oben.

§ 13.

2. Ein Protest.

Der Wechsel muß, um ein Indossament des Art. 16 Abs. II tragen zu können, mangels Zahlung protestiert sein.[1] Daß nur ein ordnungsgemäß, d. h. rechtzeitig und formgerecht (Art. 87 ff.) erhobener Protest ein Protest ist, sollte füglich einem Zweifel nicht unterliegen.[2] Anderer Meinung ist v. Canstein.[3] Nach ihm macht auch ein verspätet erhobener Protest den Wechsel zu einem „mangels Zahlung protestierten“ im Sinne von Art. 16 Abs. II WO., denn die Rechtzeitigkeit der Protesterhebung ist nach ihm nur zur Erhaltung der Garantiepflicht nötig. Dem ist folgendes entgegenzuhalten: Ein Rechtsinstitut charakterisiert sich durch ganz bestimmte Eigenschaften. So ist z. B. eine Zahlungsaufforderung keine Mahnung, wenn sie vor Fälligkeit erfolgt, die Erklärung des Rücktritts von einem Vertrage kein „Rücktritt vom Vertrage“ im technischen Sinn, wenn sie grundlos, d. h. ohne Vorliegen eines vertragsmäßigen oder gesetzlichen Rücktrittsrechts erfolgt. Und so ist auch Protest nur diejenige wechselrechtliche Beurkundungshandlung, die allen gesetzlichen Erfordernissen genügt. Das Gesetz würde sich einer großen Nachlässigkeit im Ausdruck schuldig machen, wenn es mit dem Worte Protest bald dieses, bald jenes bezeichnen wollte, ohne auch im geringsten klar auszusprechen, welche Bedeutung es dem Worte im einzelnen Fall gibt. Übrigens würde ein Wechsel, bei dem verspätet Protest erhoben ist, als ein Wechsel bezeichnet werden müssen, „bei dem die für die Protesterhebung mangels Zahlung bestimmte Frist abgelaufen ist“, also als ein präjudizierter Wechsel. Wenn auf ihn Indossamente gesetzt werden, so sind es Nachindossamente nach Art. 16 Abs. I. Wird nun noch verspätet Protest erhoben, so wären nach v. Canstein die nach diesem Protest auf den Wechsel gesetzten Indossamente solche nach Art. 16 Abs. II,

---

[1] Die Erhebung der Wechselklage kann die Protestation nicht ersetzen, ROHG. XII S. 154.

[2] Vgl. RG. I S. 293; Ob.-Trib. Berlin bei Borchardt, Zus. 279.

[3] v. Canstein Anm. 26b zu § 20.

es läge also ein Wechsel mit zwei verschiedenen Arten von Nachindossamenten vor.

Allgemeines Einverständnis herrscht darüber, daß ein Nachindossament des Art. 16 Abs. II auch dann vorliegt, wenn zwar nach Protest, aber vor Ablauf der Protestfrist indossiert wurde.[1]

§ 14.

3. Protesterlaß.

Art. 42 WO. zufolge kann der Protest erlassen werden. Der Protesterlaß hat den Zweck, die nachteiligen Folgen der Nichtzahlung zu vermindern.[2] Er kommt freilich in der Regel nur bei geringen Wechselsummen vor, da bei diesen die Ersparnis der Protestkosten mehr ins Gewicht fällt als bei großen Summen.

Die Fähigkeit, die Protesterlaßklausel wirksam zu setzen, hat nur ein Regreßpflichtiger,[3] also: die Vorindossanten, der Trassant, Avalist, Ehrenakzeptant; der Akzeptant nur bei domiziliertem Wechsel mit benanntem Domiziliaten.

Die Folge des Protesterlasses seitens eines Regreßpflichtigen ist nach Art. 42 WO. eine Umkehrung der Beweislast zwischen dem Erlasser und dem Regreßnehmenden. Es besteht die Vermutung, daß die Präsentation rechtzeitig erfolgt sei. Der Erlasser hat nunmehr nachzuweisen, daß die Präsentation nicht rechtzeitig erfolgt ist. Das für den Protesterlaß eigentlich Charakteristische ist die Relativität seiner Wirkung. Der Wechselschuldner haftet — mit Ausnahme des Akzeptanten — nur gegen

---

[1] Vgl. z. B. Grünhut, Wechselbegebung S. 46, Wechselrecht II § 94 S. 172 oben; Biener S. 438 Anm. 31; Wolff S. 162 oben; Volkmar u. Loewy S. 84; Rehbein Anm. 20 zu Art. 9—17; Stranz Anm. 2 zu Art. 16.

[2] Neben diesem Vorteile hat er freilich auch mancherlei Nachteile im Gefolge. Vor allen Dingen wird der Wechsel diskreditiert, denn der Erlasser gibt zu erkennen, daß er mit der Möglichkeit der Nichtzahlung ernstlich rechnet. Über weitere Nachteile s. Grünhut, Wechselrecht II Anm. 1 zu § 122.

[3] Ebenso: Lehmann § 136 S. 551; Staub Anm. 3 zu Art. 42; Thöl § 90 S. 323; Braun in Buschs Archiv S. 62 ff., bes. S. 73; Grünhut, Wechselrecht Anm. 10 zu § 122.

Wechsel **und Protest**, also nur bedingt. Wenn einer von den Wechselschuldnern seine Lage aus irgendeinem Grunde verschlechtert[1] und den Protest erläßt, so würde es jeder inneren Begründung entbehren, diese Verschlechterung der Lage auch auf die anderen Wechselschuldner auszudehnen, zumal diese in ihrer Eigenschaft als Wechselgläubiger ihre Rechte originär erwerben, also völlig frei von Beschränkungen, denen sich der Vormann unterworfen hat. Sie werden von aller Haftung frei, wenn der Wechselinhaber die Protesterhebung unterläßt. Hierüber ist das Einverständnis in der Literatur so gut wie allgemein.[2]

Die Meinungsverschiedenheiten beginnen, wenn im Falle des Protesterlasses die Protesterhebung unterbleibt, der Wechsel rechtzeitig präsentiert und dann durch Indossament weiter begeben wird. Haben **alle** bedingt Verpflichteten den Protest erlassen, so ist der Wechsel ohne weiteres als protestiert anzusehen. Wie aber, wenn nur einer von ihnen auf den Protest verzichtet hat?

Bei Beantwortung dieser Frage geht GRÜNHUT in seiner Wechselbegebung[3] davon aus, daß der wahre Gegensatz zwischen Abs. I und Abs. II des Art. 16 nicht darin zu suchen sei, ob Protest erhoben wurde oder nicht, sondern darin, ob der Wechsel präjudiziert sei oder nicht. Abs. II finde Anwendung, sobald der Wechsel nicht präjudiziert sei. Und als nicht präjudiziert müsse der Wechsel schon dann angesehen werden, wenn auch nur ein einziger Vorindossant regreßpflichtig erscheine. Und im zweiten Bande seines Wechselrechts[4] zieht er daraus, daß das Nachindossament in einem solchen Falle die Wirkungen des Art. 16 Abs. II habe, den Schluß, daß der Nachindossatar die Rechte

---

[1] Die Verschlechterung tritt ein nur zugunsten desjenigen, dem gegenüber der Protesterlaß ausgesprochen ist, ist letzteres auf dem Wechsel geschehen, zugunsten jedes Inhabers (ROHG. XVII S. 264).

[2] THÖL § 90 S. 323; VOLKMAR u. LOEWY S. 174; BRAUER S. 92; LEHMANN § 136 S. 551; v. CANSTEIN Anm. 29 zu § 12; LIEBE S. 143; RENAUD S. 291; GAREIS § 93 S. 624; ROHG. XVII S. 262, XXIII S. 217; A. M. HOFFMANN S. 391, der jedoch seine Ansicht nicht begründet.

[3] S. 58. [4] II § 95 S. 175 ff.

seines Indossanten [nur!?] gegen jenen Vormann, der den Protest erlassen hat, und gegen den Akzeptanten erwirbt.

Mit Klarheit ist jedoch die Meinung Grünhuts aus diesen seinen Ausführungen nicht zu ersehen. Wenn seiner Ansicht nach das Nachindossament im Falle des Protesterlasses auch nur eines Vormannes so zu behandeln ist, als ob es das Nachindossament eines protestierten Wechsels wäre, so ist doch hieraus der Schluß zu ziehen, daß der Nachindossatar „die Rechte seines Indossanten gegen den Akzeptanten, den Aussteller und diejenigen hat, welche den Wechsel bis zum Verfall indossiert haben", es ist jedoch nicht einzusehen, warum der Indossant des Nachindossatars und damit auch letzterer selbst Rechte nur gegen den Protesterlasser und den Akzeptanten haben soll. Wenn also Grünhut einmal den Satz aufstellt, daß im Fall des Protesterlasses seitens auch nur eines Vormannes ein Nachindossament als Nachindossament eines protestierten Wechsels zu behandeln sei, so muß er daraus die Konsequenzen ziehen, die wir oben angedeutet haben, er muß die Relativität der Wirkung des Protesterlasses verneinen, er muß den damit zusammenhängenden Grundsatz, daß der Regreßpflichtige nur gegen Wechsel und Protest schuldet, als falsch hinstellen. Das tut er aber nicht. In dem Abschnitt seines Wechselrechts, in dem er über den Protesterlaß handelt, spricht er es klar und deutlich aus, daß die rechtliche Stellung der Nachmänner des Protesterlassers nicht wider ihren Willen erschwert werden kann. Es ist also seine Ansicht, daß im Falle des Protesterlasses durch einen Vormann beim Unterbleiben des Protestes die Nachmänner desselben nicht nach Absatz II des Art. 16 haften — wie kann er dann ohne jede Einschränkung sagen: der eben bezeichnete Fall sei so zu behandeln, als ob das Nachindossament dasjenige eines protestierten Wechsels wäre?

Unsres Erachtens nicht vollständig ist die vorliegende Frage bei Bernstein behandelt. Dieser scheint nur an den Fall zu denken, daß sämtliche bedingt Verpflichtete: Aussteller wie Vorindossanten, den Protest erlassen haben. Bei dieser ihm vorschwebenden Sachlage gibt er dem Nachindossament die Wirkung, daß der Nachindossatar nicht bloß zessionsmäßig die Rechte gegen die Protesterlasser, sondern wechselmäßig dem Vor-Vorfall-Indossatar gleich, die Rechte aus dem Wechsel selbständig erlangt. Eine Begründung hierfür gibt er nicht.[1] Die richtige Meinung geht dahin, daß im Falle des Protesterlasses seitens eines Vormannes der Wechsel den regreßpflichtigen Vormännern gegenüber bald als mangels Zahlung protestiert, bald als präjudiziert zu gelten hat,[2] nämlich als protestiert gegenüber dem Erlasser, als präjudiziert gegenüber denjenigen, die den Protest nicht erlassen haben, oder nicht erlassen konnten, wie z. B. der Akzeptant beim normalen Wechsel. GRÜNHUT will in diesem Falle dem Nachindossatar gegen den Akzeptanten abgeleitete Rechte geben.[3] Das läßt sich jedoch nicht halten. Denn da der Protesterlaß nur zwischen dem Erlasser und dem Gläubiger Wirkungen zeitigt, der Wechsel an sich als präjudiziert, und nur hinsichtlich dieses einen Vormannes als protestiert gilt, so liegt kein Grund vor, vom normalen Zustand bei Nicht-Protesterhebung abzugehen[4] und den Akzeptanten nur nach Abs. II Art. 16 haften zu lassen. Anders verhält es sich beim Wechsel mit Domizilvermerk, bei dem z. B. der Aussteller den Protest erlassen hat. Wird hier nicht protestiert, so haftet der Aussteller nach Art. 16 Abs. II, alle andern Wechselschuldner, auch der Akzeptant, werden von ihrer Haftung frei.[5]

Ebenfalls aus der oben gekennzeichneten internen Wirkung des Protesterlasses folgt, daß durch ihn die Nachindossanten nicht berührt werden. Ihnen gegenüber gilt der Wechsel als präjudizierter, sobald Protest nicht erhoben ist.

---

[1] Vgl. BERNSTEIN § 4 A 1 zu Art. 16. Merkwürdigerweise sagt STAUB Anm. 14 zu Art. 16, BERNSTEIN wolle im vorliegenden Falle den Abs. I des Art. 16 anwenden. Aber auch das will BERNSTEIN nicht, denn er gibt dem Nachindossatar ja originäres Wechselrecht gegen Aussteller und Vorindossanten, die den Protest erlassen haben! Sonach wendet BERNSTEIN auf das Nachindossament im vorliegenden Falle weder Abs. I noch Abs. II an!!

[2] Ebenso STAUB Anm. 14 zu Art. 16; REHBEIN Anm. 20 zu Art. 9—17.

[3] GRÜNHUT, Wechselrecht II § 95 S. 176.

[4] Ebenso RONNIGER S. 83.

[5] Vgl. Ob.-Trib. Berlin bei BORCHARDT Zus. 518e.

Anhang.

Abgesehen von dem Falle des Protesterlasses kann der Protest unterbleiben, wenn der Wechsel ein echter Domizilwechsel ist und der Domiziliat zur Zeit des Verfalls den Wechsel in Händen hat. Denn wenn Art. 43 WO. die Protesterhebung beim Domiziliaten vorschreibt, so hat dies den Zweck, den Wechselinhaber zu veranlassen, vor allem die Zahlung beim Domiziliaten zu verlangen, damit der Akzeptant (beim eigenen Wechsel der Aussteller) die Wechseldeckung nicht zweimal bereit halten muß. Diese Notwendigkeit einer zweimaligen Wechseldeckung kann nicht entstehen, wenn Wechselinhaber und Domiziliat dieselbe Person sind. Somit fällt auch die Voraussetzung der Bestimmung, die den Protest beim Domiziliaten anordnet.[1]

Wenn nun der Domiziliat in einem solchen Falle des unterbliebenen Protestes nach Verfall den Wechsel weiterindossiert, ist dieses Indossament das eines protestierten Wechsels. Denn ebenso wie bei Protesterlaß gegenüber dem Erlasser der Wechsel hinsichtlich der Nachindossamente als protestiert gilt, so ist hier, wo der Protest überflüssig erscheint, der Protest als erhoben, der Wechsel also keineswegs als präjudiziert anzusehen.[2] Wäre letzteres der Fall, dann wäre ein Nachindossament überhaupt unmöglich, denn dann würde „infolge der Verabsäumung der rechtzeitigen Protesterhebung beim Domiziliaten" der wechselmäßige Anspruch auch gegen den Akzeptanten verloren gegangen, mithin die ganze Wechselkraft erloschen sein.[3]

[1] Derselben Meinung: Ob.-Trib. Berlin in Siebenhaars Archiv X S. 385; die österreich. obergerichtl. Rechtsprechung, vgl. Borchardt Zus. 527b und Siebenhaars Archiv XII S. 411; Grünhut, Wechselbegebung S. 80. — Dagegen: Grünhut, Wechselrecht II § 102 S. 235 ff.; Lehmann Anm. 2, 4 zu § 136; Thöl § 162 S. 645; Staub Anm. 5 zu Art. 43; Brentano Anm. 9 zu Art. 43; ROHG VIII S. 89, IX S. 421, XI S. 188, XIV S. 160, XV S. 208.

[2] Derselben Meinung: Grünhut, Wechselbegebung S. 80 oben, und wohl auch der österr. oberste Gerichtshof in seiner Entscheidung vom 29. Januar 1862; Siebenhaars Archiv S. 411.

[3] Art. 43 WO.

Zweites Kapitel.

Die Formen des nachprotestlichen Indossaments.

§ 15.

1. Namens- und Blankoindossament.

Die Formen, in denen das nachprotestliche Indossament[1] auftritt, sind, da sich in der WO. keine besondere Bestimmung hierüber findet, keine anderen als die des Vorindossaments. Es ist also entweder Namensindossament, d. h. ein Indossament, in dem der Indossatar benannt ist, oder Blankoindossament, d. h. ein Indossament mit unbenanntem Indossatar, welches demnach jeden Wechselinhaber legitimiert.

§ 16.

2. Insbesondere: Legitimation eines Nachindossatars durch ein Vorblankoindossament.

Die Frage, ob ein Blankoindossament, das das letzte Indossament vor Protest ist, oder durch Durchstreichen der ihm folgenden Indossamente das letzte vor Protest geworden ist, seine legitimierende Kraft über den Protest hinaus behält, gehört zu den meistumstrittenen des Wechselrechts. Wir haben hier einen der nicht uninteressanten Fälle vor uns, in denen die herrschende Meinung von der einen auf die andere Seite übergeht und jeweils die Autorität des höchsten Gerichtshofs hinter sich hat.

I. Die eine Richtung hält es für möglich, daß ein Vorblankoindossament zur Weiterbegebung des Wechsels nach Protest benutzt werden kann.[2] Bei der Behandlung der Folgen einer derartigen Begebung gehen jedoch ihre Anhänger weit auseinander.

---

[1] Neben dem nachprotestlichen Indossament ist naturgemäß auch nachprotestliche Blankotradition möglich.

[2] So vor allem das ROHG. in mehreren Entscheidungen, z. B. III S. 214, V S. 410, VI S. 164, VII S. 78, XV S. 314, XVIII S. 4, XXIII S. 35. Eine Zusammenstellung der Vertreter dieser Richtung s. bei Grünhut, Wechselrecht II Anm. 4 zu § 96.

a) Die einen sehen in einem solchen Falle den Nachindossatar als Vorindossatar an. Der Vorblankoindossant sei nämlich jedem auch nach Verfall erwerbenden Nehmer unbeschränkt verhaftet. Das Blankoindossament sei daher gar nicht als ein Indossament nach Verfall anzusehen, denn über die Perfektion des Blankoindossaments entscheide der Zeitpunkt der Kreation, die Unterschrift des Indossanten. Die Zwischeninhaber kämen nicht in Betracht, nur der letzte Inhaber, auf den das Blankoindossament fixiert werde, sei als Gläubiger und Indossatar anzusehen, und seine Forderung sei auf den Zeitpunkt der Unterschrift retrotrahiert.[1]

b) Die anderen wollen den Wechselinhaber nach Protest, der sich auf ein vorprotestliches Blankoindossament stützt, als Nachindossatar, den Vorblankoindossanten aber als Vorindossanten behandelt wissen. Im Ergebnis trifft mit dieser Ansicht meist die besonders von HOFFMANN[2] vertretene zusammen, wonach der Blankoindossatar als Nachindossatar, der Blankoindossant jedoch nur dann als Vorindossant anzusehen ist, wenn nicht gerade von ihm die Begebung des Wechsels nach erhobenem Proteste erfolgt sein sollte.

c) Die Dritten sehen im Wechselerwerber nach Protest einen Nachindossatar, und in dem Indossanten, der das Blankoindossament vor Protest geschrieben hat, einen Nachindossanten. Da, wo es auf den Zeitpunkt des Erwerbs des Wechsels ankomme, sei nicht die Zeit der Ausstellung, sondern die Zeit der Geltendmachung maßgebend. Durch den Protest seien die Personen, für welche das Blankoindossament als Vorindossament gelten könne, bestimmt. Benutze eine andere Person dasselbe, so könne sie den Wechsel nur nach Protest, d. h. durch ein Nachindossament erworben haben. Die Lage sei wechselrechtlich vollständig dieselbe, als hätte der Blankoindossant auf Grund seiner Regreßpflicht den Wechsel eingelöst und an sie weiter begeben. Folge-

[1] KUNTZE in SIEBENHAARS Archiv XI S. 128 ff., bes. S. 145 ff.; MARTIN S. 381 ff., bes. S. 383, 415 (vgl. hierzu KUNTZE a. a. O. S. 147 Anm. 1). Vgl. HARTMANN S. 490 ff.

[2] HOFFMANN in SIEBENHAARS Archiv XIV S. 225 ff., bes. S. 235; Ob.-Trib. Berlin vom 21. Februar 1860; ebenda XI S. 315.

richtig könne sie nur die Rechte geltend machen, die der Blankoindossant durch ein Nachindossement auf sie übertragen könnte; und als Nachindossatarin ständen ihr gegen diesen als Nachindossanten keine Wechselrechte zu.[1]

II. Eine vermittelnde Stellung wird vor allem von v. CANSTEIN eingenommen. Er unterscheidet, ob das Blankoindossament das letzte vor Protest ist oder nicht. Nur für den ersteren Fall hält er eine Weiterbegebung des Wechsels auf Grund eines Vorblankoindossaments für zulässig.[2]

Es würde den Rahmen dieser Arbeit überschreiten, auf die eben dargelegten verschiedenen Richtungen näher einzugehen und auszuführen, was für und was gegen sie spricht. Wenn wir sie hier dargestellt haben, so hatte dies den Zweck, ein Bild von dem Wirrnis zu geben, zu dem man auf dem Boden der unter I. erwähnten Hauptansicht kommt und auf diese Weise die vor allem von seiten des Reichsgerichts gegebene Begründung der anderen Ansicht schon jetzt vorzubereiten. Wir beschränken uns daher darauf, den Vertreter der unter I. besprochenen Richtung, dem wohl die meiste Autorität zur Seite steht, eingehender zu behandeln: GRÜNHUT.

GRÜNHUT[3] geht davon aus, daß ein Blankoindossament, auf das andere Indossamente folgen, dadurch nicht definitiv konsumiert wird. Sobald diese folgenden Indossamente durchstrichen seien, behalte das Blankoindossament seine legitimierende Kraft ungeschwächt weiter. Dasselbe müsse für den Fall gelten, daß die Person des Wechselinhabers als Gläubiger in der Protesturkunde festgestellt werde. Auch hier könne das Blankoindossament nicht als definitiv konsumiert gelten. — Lasse man nicht zu, daß das Vorblankoindossament auch noch nach Protest legitimierende Kraft habe, so wäre der redliche Erwerber, dem unter Benutzung eines Vorblankoindossaments und unter Verschweigen der Tatsache der Protestierung der Wechsel gegeben werde, trotz einer äußerlich zusammenhängenden Reihe von Indossamenten im

[1] ROHG. III S. 214, XVIII S. 5; RIESSER im Neuen Archiv III S. 1 ff., bes. S. 28 ff., 61 ff.

[2] v. CANSTEIN § 20 S. 297 ff., THÖL § 128 S. 496.

[3] GRÜNHUT, Wechselrecht II § 96 S. 184.

Widerspruch zu Art. 36 nicht legitimiert, und diese Verletzung einer Gesetzesbestimmung lasse die zu ihr führende Ansicht als unzulässig erscheinen.

Bezüglich der materiellen Wirkung einer nachprotestlichen Begebung unter Benutzung eines Vorblankoindosssaments bezeichnet GRÜNHUT den Vorblankoindossanten als regreßpflichtigen Vorindossanten, den nachprotestlichen Erwerber als derivativ erwerbenden Nachindossatar. Letzteres begründet er damit, daß der Nacherwerber sich formell zwar auf das äußerlich noch vorhandene Vorblankoindossament stütze, daß er aber materiell sein Recht von demjenigen ableite, in dessen Namen der Protest erhoben sei, er also nach Protest erworben habe.

III. Die jetzt herrschende Meinung[1] spricht dem Vorblankoindossament legitimierende Kraft über den Protest hinaus ab, verlangt also zum Beginn des Laufs nach Protest wirkliche Indossierung. Das Reichsgericht stellte sich unter Betonung des Gegensatzes zur früher herrschenden Meinung in der Entscheidung der vereinigten Zivilsenate vom 8. Juli 1880 auf diesen Standpunkt. Dem Einwand der Verletzung von Art. 36 hält es entgegen, daß nicht ohne Einschränkung gesagt werden könne, beim Mangel besonderer Ausnahmebestimmungen fänden alle Grundsätze der WO. über die Legitimation durch Indossament, insbesondere die des Art. 36, auch auf den Wechsellauf nach Verfall Anwendung. Vor Protest existiere nur das Prinzip der Legitimation. Nach Protest, wo nur noch die bis Protest begründeten Rechte weiter übertragen würden, sei dagegen die wirkliche Urheberschaft des betreffenden Nachverfallaufes von entscheidender rechtlicher Bedeutung. Infolge dieser grundsätzlichen Verschiedenheit sei eine Verhehlung dieser Urheberschaft nach Protest ganz anders zu beurteilen als vor Protest. Die Möglichkeit dieser Verhehlung gibt z. B. auch GRÜNHUT zu; er nimmt jedoch dieselbe mit in Kauf und bezieht sich hierbei auf die ebenfalls bestehende und doch allgemein hingenommene Möglichkeit der mißbräuchlichen

---

[1] Vor allem: KUNTZE u. BRACHMANN S. 178; LANDSBERGER S. 42 ff.; REHBEIN Anm. 24 zu Art. 9—17; STAUB Anm. 13 zu Art. 16; STRANZ Anm. 14 zu Art. 16; BERNSTEIN § 2 zu Art. 16; LEHMANN Anm. 2 zu § 124.

Anwendung eines in blanco indossierten Wechsels durch einen Dieb oder unredlichen Finder vor Verfall. Von der herrschenden Meinung wird Grünhut weiter entgegengehalten, daß es unrichtig sei, von der nicht definitiven Konsumierung eines Blankoindossaments durch ein nachfolgendes Indossament ohne weiteres auf die nicht definitive Konsumierung des Blankoindossaments durch den nachfolgenden Protest zu schließen. Denn die nachfolgenden Indossamente könnten gestrichen werden, der nachfolgende Protest dagegen nicht.

Berücksichtigt man lediglich die in dem Gesetz enthaltenen Rechtsgedanken und -grundsätze, so werden sich aus ihnen für jede der beiden entgegengesetzten Ansichten gewichtige Gründe herausholen lassen. Man ist daher in diesem Falle berechtigt, die Folgen, die sich aus jeder Ansicht ergeben, darüber entscheiden zu lassen, welche von beiden vorzuziehen ist.

Dieser Weg führt ohne weiteres zum Ziel.

Wie oben dargelegt, stützen sich die Anhänger der früher herrschenden Meinung vor allen Dingen auf Art. 36, indem sie sich darauf berufen, daß beim Mangel besonderer Ausnahmebestimmungen alle Grundsätze der WO. über die Legitimation durch Indossament, insbesondere auch Art. 13 und 36, für das Nachindossament anwendbar seien. Sofort zeigt sich die große Schwäche dieser Anschauung, wenn man die Folgen derselben für die Beweislehre zieht. Da nach Art. 16 Abs. II der Nachindossatar nur die Rechte seines Indossanten geltend machen kann und bei Benutzung eines Vorblankoindossaments zur Legitimation aus dem Wechsel nicht hervorgeht, wer dieser Urheber des Rechts des Nachindossatars ist, so gehört dessen Angabe zur Klagebegründung.[1] Verlangt man aus diesem Grunde die Angabe des Rechtsurhebers vom Kläger, so gibt man damit zu, daß trotz der angeblichen Legitimation der Anspruch durch den Wechsel allein doch noch nicht begründet ist.[2] Verlangt man dagegen vom Beklagten zur Begründung seiner Einrede den Nachweis des Urhebers, so zwingt man ihn zur Ermittelung des Klagfundaments.

[1] Vgl. die oben erwähnte Reichsgerichtsentscheidung.

[2] Daher gegen diese Alternative Ob.-Trib. Berlin in Striethorsts Archiv LXVI S. 361; vgl. Grünhut, Wechselrecht II Anm. 3 zu § 96.

Auch hinsichtlich des Verhältnisses zwischen nachprotestlichem Wechselinhaber und Vorblankoindossanten ergeben sich große Schwierigkeiten und Unebenheiten, wenn man sich auf den Boden der früher herrschenden Meinung stellt. Hat nämlich der Inhaber nach Protest den Wechsel unter Benutzung des Vorblankoindossaments vom Protesterheber oder einem dem Blankoindossament nachfolgendem Vorindossanten erworben, so ist das Blankoindossament Vorindossament, der Blankoindossant daher dem Wechselinhaber wechselmäßig verpflichtet.[1] Hat dagegen der nachprotestliche Inhaber den Wechsel vom Blankoindossanten selbst erworben, so muß die Rechtslage so angesehen werden, als wenn ein neues Indossament nach Protest ausgestellt worden wäre, das Blankoindossament wirkt wie ein Nachindossament, der Vorblankoindossant ist Nachindossant, haftet also nicht wechselmäßig.

Es ist dem Reichsgericht vollkommen beizupflichten, wenn es in der oben angeführten Entscheidung sagt, daß die ganze ungesunde und unbefriedigende Kasuistik[2] bei Anerkennung des Satzes vermieden wird, daß es zu jeder Einleitung eines Laufes nach Verfall eines neuen Indossaments seitens irgendeines der bis zum Verfall Wechselverpflichteten bedürfe.

Nicht unwesentlich verstärkt wird das Gewicht der jetzt herrschenden Meinung dadurch, daß der von ihr aufgestellte Grundsatz in keiner Weise zu Unzweckmäßigkeiten und Härten führt, wie es vielleicht auf den ersten Blick scheinen könnte. Die Begebung des Wechsels unter Benutzung eines Blankoindossaments hat den Vorzug für den Begebenden, daß sein Name nicht auf dem Wechsel erscheint. Es wird sich also dieser Art der Wechselbegebung besonders derjenige bedienen, welcher nicht wechselmäßig haften will. Da für den, der nach Protest den Wechsel weiterbegibt, eine wechselmäßige Haftung nicht existiert, so fällt für

---

[1] So Grünhut, Wechselrecht II S. 188; Renaud S 184; Hoffmann in Siebenhaars Archiv X S. 148.

[2] Anderer Meinung: Lehmann in Jherings Jahrbüchern S. 400 ff., bes. S. 428. — Interessant ist übrigens das Urteil Kuntzes (Siebenhaars Archiv XI S. 145) über die vorliegende Frage: „es sei die sorgfältigste Zuspitzung der Dogmen erforderlich, um feste Sätze zu gewinnen“.

ihn auch jede Veranlassung weg, den Weg der Blankotradition zu wählen und so seine Beziehungen zum Wechsel unsichtbar zu machen.

Drittes Kapitel.

Die Personen, an die nach Protest indossiert werden kann.

§ 17.

I. Solche, die zu dem Wechsel in noch keiner Beziehung gestanden haben.

Nach Protest kann der Wechsel begeben werden einmal an eine Person, die zu ihm in noch keiner Beziehung steht. Und zwar kann Nachindossatar, wie Vorindossatar jeder aktiv Wechselfähige, also jeder Rechtsfähige sein.[1]

2. Solche, die zu dem Wechsel schon in Beziehung stehen. (das nachprotestliche Rückindossament).

Aber auch Personen, die zu dem Wechsel schon in irgendwelcher Beziehung stehen, sind fähig, die Stellung eines nachprotestlichen Indossatars einzunehmen. Man kann sie in drei große Gruppen einteilen: in die wechselmäßig Verpflichteten, in solche, die nicht wechselmäßig haften, und in die Klasse der Nebenbeteiligten, wie wir Domiziliat, Avalist und Intervenienten zusammenfassend nennen wollen.

§ 18.

Die Gruppe der wechselmäßig Verpflichteten, die im normalen Wechselverbande stehen.[2]

Sie wird gebildet durch Akzeptant, Aussteller und Indossanten.

---

[1] Vgl. Staub Anm. 2 zu Art. 1.

[2] Vgl. über diese Terminologie Staub Anm. 10 zu Art. 81.

α) Nach Protest wird an den Akzeptanten indossiert.

Um die Rechtswirkungen dieser Indossierung in helleres Licht rücken zu können, empfiehlt es sich, zum Vergleich die entsprechende Indossierung vor Protest heranzuziehen.

I. Wird vor Protest an den Akzeptanten indossiert,[1] so wird er Schuldner und Gläubiger zugleich. Da er in der Regel unbedingter Wechselschuldner ist, so tritt an sich confusio ein.[2] Jedoch stellt sich mit Rücksicht darauf, daß dem Wechsel als Zirkulationspapier die größtmögliche Umlaufsfähigkeit bis Verfall gewahrt werden muß, die in Deutschland herrschende Ansicht auf den Standpunkt, daß auch der Akzeptant, wie jeder andere Wechselinhaber, bis Verfall das Recht der Wechselbegebung haben soll.[3] Sie stützt sich darauf, daß kein Wechselbeteiligter verlangen kann, daß der Wechsel vor Verfall, also verfrüht, bezahlt werde. Und es gibt auch der Akzeptant dadurch, daß er als Indossatar auftritt, ja gerade zu erkennen, daß er den Wechsel nicht solvendi, sondern emendi causa genommen hat. Hiernach muß die in der Person des Akzeptanten eingetretene confusio als wiederaufgehoben angesehen werden, sobald er den Wechsel vor Verfall weiter begibt.

II. Ist der Wechsel protestiert, so ist für diese Konstruktion kein Raum mehr. Vom Verfalltage an können die Wechselbeteiligten Zahlung verlangen. Wenn jetzt der Akzeptant den Wechsel durch Nachindossament nimmt, so muß dies als ein Nehmen solvendi causa angesehen werden. Es ist nunmehr endgültige confusio eingetreten,[4] „die Forderung schlummert nicht bloß, sie ist tot“. Sie kann daher durch ein weiteres Indossament seitens des Akzeptanten nicht wieder aufleben.[5]

---

[1] Vgl. Art. 10 WO.

[2] Dies wird denn auch in Frankreich und England von der herrschenden Ansicht angenommen; vgl. Grünhut, Wechselrecht II Anm. 10 zu § 93.

[3] Grünhut, Wechselrecht II § 93 S. 163.

[4] Ebenso ROHG. XXV S. 20; vgl. auch V S. 125, XV S. 23.

[5] Bolze I Nr. 841; OLG. Dresden im Sächs. Archiv VII S. 92 ff.

β) Nach Protest wird an den Aussteller indossiert.

I. Wird der Aussteller vor Protest Indossatar, so treffen in seiner Person Gläubiger und Schuldner zusammen. Eine confusio aber tritt nicht ein, da er noch nicht unbedingt Schuldner ist,[1] sondern es erst wird, wenn durch den Protest mangels Zahlung das Versagen des Trassaten nachgewiesen ist. Freilich ist eine volle Ausübung aller dem Wechselinhaber an sich zustehender Wechselrechte gehemmt. Sicherheitsregreß kann der Aussteller als Indossatar nicht nehmen. Das wäre Geltendmachung eines Anspruchs, betreffs dessen er selbst wieder als Aussteller und Vormann der in Anspruch Genommenen diesen Ersatz leisten müßte.[2] Dies ist rechtlich unzulässig. Aus demselben Grunde kann der Aussteller, wenn er nach Protest den Wechsel im Regreßwege einlöst, sich nicht auf seine Stellung als Vorindossatar

---

[1] Ein ähnlicher Fall von Nichterlöschen der Rechte trotz Zusammentreffens von Gläubiger und Schuldner in einer Person ist dem Verfasser in der Zwangsversteigerungspraxis entgegengetreten: Ein im Range später kommender Hypothekengläubiger D. hat, um sein Kapital zu retten, das Grundstück erstanden. Im Verteilungstermine werden von dem das geringste Gebot übersteigenden Betrag des Meistgebots 2000 Mark dem die Versteigerung betreibenden, an 1. Stelle stehenden Hypothekengläubiger A. zugewiesen. Da der Ersteher D. das Bargebot nicht berichtigt, wird der Teilungsplan dadurch ausgeführt, daß die Forderung gegen D. auf A. übertragen wird (§ 118 ZwVG.). Als ausgefallener Hypothekengläubiger erhebt D. aus irgend einem Grunde Widerspruch gegen die Zuweisung der 2000 Mark bzw. Übertragung der Forderung von 2000 Mark an A. Es wird gemäß § 124 ZwVG. festgestellt, daß D. den Betrag von 2000 Mark erhalten soll, falls sein Widerspruch für begründet erklärt wird. Der Anspruch gegen den Ersteher auf Zahlung von 2000 Mark ist durch den Widerspruch aufschiebend bedingt worden, es wird demnach gemäß § 120 Abs. I S. 2 ZwVG. die Forderung gegen den Ersteher D. auf die Berechtigten: also A. und D., übertragen. D. ist demnach unbedingt Schuldner, bedingt Gläubiger in einer Person. Da so die Forderung des D. gegen sich selbst in der Schwebezeit durch confusio nicht untergeht, kann D. nach § 120 Abs. II ZwVG. verb. § 1077 ff. BGB., wenn etwa der A. von ihm „Zahlung an beide gemeinschaftlich" verlangt, von sich selbst statt der Zahlung „Hinterlegung für beide" fordern, also ohne A.s Zustimmung für sich und A. hinterlegen.

[2] ROHG. XVIII S. 413; Staub Anm. 1 u. 5 zu Art. 26.

berufen und an seinen Vormännern Regreß mangels Zahlung nehmen.

Nicht behindert ist der Aussteller als Vorindossatar, den Wechsel weiterzuindossieren.[1] Man ist sich früher im Zweifel darüber gewesen, ob in solchem Falle die ferneren Indossatare denselben Beschränkungen unterworfen seien wie ihr Ausstellerindossant,[2] indem man nicht genügend Nachdruck auf die Selbständigkeit des Rechtserwerbs durch Vorindossament legte, und vorzugsweise dieser Zweifel hat die Aufnahme des Art. 10 in die WO. veranlaßt. Für uns steht es außer Frage, daß die vorprotestlichen Nachmänner des Ausstellerindossanten bei sämtlichen (regreßpflichtigen) Vormännern Regreß nehmen können, es sei denn, daß sie selbst schon unter diesen Vormännern sind.

II. Nach Protest ist der Aussteller unbedingter Wechselschuldner geworden. Wird er jetzt, durch Nachindossament Wechselgläubiger, so tritt confusio ein: sein eben erworbenes Gläubigerrecht trifft mit seiner Schuldnerpflicht, allen Nachmännern zu haften, zusammen, beides erlischt. Die Folge davon ist, daß auch die Wechselverpflichtung aller derer endgültig erlischt, denen er als Vormann vor Protest, gleich als Aussteller, haftete. Denn wenn diese sich auch durch ihr Indossament allen Nachmännern wechselmäßig verpflichteten, so ist nunmehr eine Inanspruchnahme derselben aus dieser Verpflichtung ausgeschlossen: Der Ausstellernachindossatar selbst kann gegen sie nicht vorgehen, da er ihnen regreßpflichtig ist; indossiert er den Wechsel aber durch Nachindossament weiter, so überträgt er nach Art. 16 Abs. II nur seine Rechte, seine Nachindossatare können sich also ebenfalls nicht an seine vorprotestlichen Nachmänner halten.

Dieses Erlöschen der Wechselverpflichtung der Nachmänner des einlösenden Ausstellers wird in der Literatur vielfach auch durch Analogie mit der Bürgschaft erklärt. Es wird das Verhältnis der Nachmänner zu den Vormännern als Verhältnis des Bürgen zum Hauptschuldner aufgefaßt,[3] so daß mit der Verpflichtung des Ausstellers als Hauptschuldners auch die der Bürgen erlischt.

[1] Art. 10 WO. [2] ROHG. VII S. 290 ff.

[3] z. B. Grünhut, Wechselrecht II § 93 S. 160; RG. XXIII S. 124.

Schon oben war davon die Rede, daß der Ausstellernachindossatar durch ein weiteres Nachindossament nur seine Rechte überträgt. Welches sind aber diese seine Rechte? Der Aussteller ist als solcher regreßpflichtig.[1] Wenn er den Wechsel nach Protest einlöst, so wird, wie bei der Einlösung jedes Regreßpflichtigen, vermutet, daß er nur seine eigene Wechselverbindlichkeit tilgen will, es wird aber nicht angenommen, daß er auch für den Akzeptanten zahlen und so die ganze Wechselobligation zum Erlöschen bringen will.[2] Denn damit verzichtete er ja auf die Möglichkeit, sein Wechselrecht gegen den Akzeptanten geltend zu machen.[3] Dieses Wechselrecht gegen den Akzeptanten ist der Inhalt eines weiteren Nachindossaments von seiten des Ausstellers.[4]

Wie wir oben, § 6, auseinandergesetzt haben, gibt bei der Weiterindossierung der Indossant sein Gläubigerrecht nicht auf, er macht nur dessen Geltendmachung von dem Wiedererwerb des Wechsels im Regreßwege abhängig. Dasselbe muß für den Aussteller hinsichtlich seines Wechselrechts gegen den Akzeptanten gelten. Tritt nun der Wiedererwerb des Wechsels im Regreßwege ein, so wird die Bedingung existent und der Aussteller ist wieder in der Lage, sein altes[5] Recht auszuüben, obwohl er nachprotestlicher Indossatar ist. Dieses nicht mit Einreden aus der Person seiner nachprotestlichen Vormänner behaftete alte Recht gegen den Akzeptanten ist der Gegenstand eines weiteren Nachindossaments.

γ) Nach Protest wird an einen Vorindossanten (oder den Remittenten) indossiert.

I. Beim vorprotestlichen Rückindossament tritt wegen Zusammentreffens von unbedingtem Gläubigertum mit bedingtem

[1] Art. 8 WO. [2] Vgl. hierzu Bolze XVI Nr. 289.

[3] Vgl. ROHG. IX S. 42, XVI S. 216; RG. IX S. 64.

[4] Hat der Bezogene nicht akzeptiert und löst der Aussteller den Wechsel im Regreßwege und durch Nachindossament ein, so erlischt die ganze Wechselobligation.

[5] Anderer Meinung: Hartmann S. 475 ff., bes. S. 491, der den im Regreßwege einlösenden Nachindossatar nur abgeleitetes Recht erwerben läßt.

Schuldnertum keine confusio ein. Aus den schon unter β dargelegten Gründen, die auch für den Vorindossanten als Rückindossatar gelten, kann dieser Sicherheitsregreß nur an denjenigen nehmen, die schon bei seinem ersten Wechselbesitze seine Vormänner waren. Sein Nachmann hat dagegen wieder alle regreßpflichtigen Vormänner zu Wechselschuldnern.

II. Durch nachprotestliches Rückindossament an einen Vorindossanten tritt, da jetzt auch das Schuldnertum unbedingt geworden ist, confusio ein. Die Wechselverpflichtung aller seiner vorprotestlichen Nachmänner erlischt. Welche Rechte der Vorindossant durch nachprotestliches Rückindossament erwirbt, hängt davon ab, ob er regreßpflichtg ist oder nicht. Zunächst behandeln wir nur den ersten Fall.

Der Vorindossant gibt beim (vorprotestlichen) Weiterindossieren sein Gläubigerrecht nicht auf, sondern macht nur seine Geltendmachung von der Einlösung des Wechsels im Regreßwege abhängig. Vollzieht sich diese im Wege der Nachindossierung, so besitzt er sein altes[1] Recht nunmehr wieder frei von allen Beschränkungen.[2] Dieses sein altes Recht geht auf den Nachmann über, wenn der Vorindossant-Nachindossatar weiterindossiert.

§ 19.

Die Gruppe der nicht wechselmäßig Haftenden.

Sie wird gebildet durch Bezogenen, Vorindossanten ohne Obligo, die vorprotestlichen Nachmänner desjenigen, zu dessen Gunsten ein Intervenient honoriert hat, und desjenigen, der den Wechsel im Regreßwege eingelöst hat; schließlich alle nachprotestlichen Indossanten.

---

[1] Grünhut, Wechselrecht II Anm. 7 zu § 94 weist mit Recht darauf hin, daß ein Rückgiro an den im Regreßwege einlösenden Wechselschuldner keinen praktischen Zweck hat. Trotzdem kommt es, wie ein Blick in die Rechtsprechung des ROHG. lehrt, tatsächlich vor. Im Resultat stimmt Grünhut mit uns überein. Ebenso Staub Anm. 7 zu Art. 16. Es ist ein Irrtum Grünhuts, wenn er an der oben zitierten Stelle behauptet, Staub gewähre hier nur abgeleitete Rechte.

[2] ROHG. VII S. 80; Bolze II Nr. 806; RG. XXIII S. 51.

α) Nach Protest wird an den Bezogenen indossiert.

Der Bezogene ist als solcher nicht Wechselschuldner. Er wird also als Nachindossatar nur Wechselgläubiger. Da infolgedessen confusio nicht eintritt, wird hinsichtlich der Rechte und Pflichten der übrigen Wechselbeteiligten nichts geändert. Indossiert er nach Protest weiter, so überträgt er alle Rechte seines Nachindossanten.

β) Nach Protest wird an den Vorindossanten ohne Obligo indossiert.

Ein Vorindossant ohne Obligo gibt sein Gläubigerrecht unbedingt auf. Er erwirbt daher als Nachindossatar nur abgeleitetes Recht und überträgt nur dieses weiter.

γ) Nach Protest wird an einen vorprotestlichen Nachmann eines Honoraten indossiert.

Nach Art. 63 tritt der Ehrenzahler in die Rechte des Inhabers gegen den Honoraten, dessen Vormänner und den Akzeptanten ein. Die dem Honoraten nachfolgenden Indossamente verlieren ihre verpflichtende und ihre berechtigende Kraft.[1] Wird an einen solchen nicht mehr regreßpflichtigen Nachmann nach Protest indossiert, so ist darin auf seiten dieses Nachmannes keine Einlösung im Regreßwege zu sehen. Da sein Recht erloschen ist, kann er nur ein neues Recht durch das Nachindossament erwerben, und dieses Recht ist nach Art. 16 Abs. II ein mit Einreden aus der Person der nachprotestlichen Vormänner behaftetes. Es ist auch der Gegenstand einer etwaigen Weiterindossierung.

Dasselbe Ergebnis tritt ein, wenn zwar keine Ehrenzahlung erfolgt ist, der Wechselinhaber aber eine von wem immer angebotene Ehrenzahlung zurückweist. Dann verliert er nämlich das Regreßrecht gegen die Nachmänner des Honoraten.[2] Diese

---

[1] ROHG. VI S. 162, XII S 47; RG. XII S. 131.
[2] Art. 62 WO.; Grünhut, Wechselrecht II § 135 S. 516.

erscheinen ebenso, als wenn wirklich Ehrenzahlung zugunsten des Honoraten erfolgt wäre, nicht mehr regreßpflichtig. Mit ihrer Verpflichtung erlischt auch ihre Berechtigung. Auch sie sind daher im Falle eines nachprotestlichen Indossaments Nachindossatare nach Art. 16 Abs. II.

Es ist denkbar, daß jemand zugunsten eines bestimmten Vormanns ein Ehrenakzept gibt, dann aber zugunsten eines späteren Vormanns Ehrenzahlung leistet. Hierdurch erlöschen die Wechselrechte und Verpflichtungen der Nachmänner dessen, für den die Ehrenzahlung geschah. Aber auch die Vormänner dieses Honoraten bis zu dem, zu dessen Gunsten Ehrenakzept gegeben war, werden von der Wechselhaftung frei, denn sie könnten sich ja, wenn der Ehrenzahler sie in Anspruch nehmen wollte, sofort wieder an ihn als Ehrenakzeptanten halten.[1] Wird also an einen dieser Vormänner desjenigen, zu dessen Gunsten gezahlt worden ist, oder an diesen selbst nach Protest indossiert, so ist er Indossatar nach Art. 16 Abs. II, mit abgeleitetem Rechte.

Ein nachprotestliches Indossament an den Nachmann eines Honoraten, das bei den vorstehenden Erörterungen unter γ als vorhanden angesehen wurde, ist übrigens nicht immer möglich. Es ist ausgeschlossen, wenn sich ein Ehrenzahler, der lediglich Intervenient, nicht auch Vormann ist, den Wechsel und den Protest mangels Zahlung hat aushändigen lassen,[2] und von denen, die ihm wechselmäßig haften, keiner den Wechsel im Regreßwege einlöst. Denn dann ist der Ehrenzahler weder ein „Vormann, welcher den Wechsel im Regreßwege erlangt hat“, noch ist er „durch ein Indossament als letzter Indossatar legitimiert“. Einer von beiden Fällen muß aber vorliegen, wenn er fähig sein soll, den Wechsel weiter zu indossieren.[3]

Das bei den Untersuchungen unter γ vorausgesetzte nachprotestliche Indossament ist also möglich:

---

[1] Vgl. Grünhut, Wechselrecht II § 135 S 509.

[2] Art. 63 WO.

[3] Handelsgericht Hamburg 1864 in Borchardt 7. Auflage Zus. 647b. Ebenda Erkenntnis des Amtsgerichts Eisenach.

1. von seiten des Ehrenzahlers, wenn er zugleich ein Vormann ist,[1] oder wenn bei der Ehrenzahlung zugleich ein Nachindossament auf ihn ausgestellt worden ist.

2. von seiten des Honoraten und dessen Vormännern, wenn sie den Wechsel im Regreßwege von dem Ehrenzahler eingelöst haben.[2]

3. von seiten des Wechselinhabers, an den der Ehrenzahler gezahlt hat, falls letzterer sich Wechsel und Protest nicht hat aushändigen lassen. Da der Nachindossatar nach Art. 16 Abs. II nur das Recht seines Indossanten erwirbt, so wird der von ihm auf Zahlung verklagte Ehrenakzeptant die Einrede der Zahlung an den Vormann vorschützen.[3] Etwas ausrichten kann der Nachindossatar in einem solchen Falle also nur gegen den Honoraten, dessen Vormänner und den Akzeptanten. Die Einrede der Zahlung können diese ihm nicht entgegenhalten, da dies eine exceptio ex persona tertii (des Ehrenzahlers) wäre. Aber auch eine exceptio doli ist nicht ohne weiteres statthaft. Denn der Honorat und seine Vormänner bleiben ja selbst dem Regreßanspruch ausgesetzt, und daß sie ein eigenes Interesse hätten, nicht von dem Zahlungsempfänger oder dessen nachprotestlichen Indossataren, sondern von dem Ehrenzahler belangt zu werden, ist nicht anzuerkennen.[4]

δ) Nach Protest wird an einen vorprotestlichen Nachmann desjenigen indossiert, der den Wechsel im Regreßwege eingelöst hat.

Dieselben Gründe, die im Falle der Einlösung des Wechsels durch den Aussteller dazu führen, die Kraft der auf dem Wechsel

---

[1] Dies ist z. B. der Fall in ROHG. VI S. 162, XII S. 47.

[2] Vgl. RG. XII S. 131 ff., bes. S. 134.

[3] Anderer Meinung muß hier Ronniger sein (vgl. S. 76 III). Freilich wird betreffs des nochmals belangten Ehrenakzeptanten der Unterschied zwischen Ronnigers und unserer Meinung selten praktisch werden, nämlich nur dann, wenn das Nachindossament so früh geschieht, daß dem Ehrenakzeptanten noch innerhalb der kurzen Frist des Art. 60 S. 2 der Wechsel vorgelegt werden kann.

[4] Vgl. ROHG. II S. 118, IX S. 41 unten.

befindlichen Indossamente als erloschen anzusehen,[1] kommen für den Fall zur Geltung, daß ein anderer Regreßpflichtiger den Wechsel einlöst.[2] Es ist daher allgemein zu sagen, daß, sobald irgendein Regreßpflichtiger seiner Pflicht genügt, im Falle eines nachprotestlichen Indossaments an einen seiner Nachmänner dieser nur abgeleitetes Recht erwirbt und weiter übertragen kann.

ε) Nach Protest wird an einen Nachindossanten indossiert.

Ebenso wie der Vorindossant ohne Obligo, gibt auch der Nachindossant beim Weiterindossieren sein Gläubigerrecht auf, denn er haftet nicht wechselmäßig, er hat also kein Interesse daran, sein Recht in seinem alten Umfange wiederzuerwerben. Erwirbt er den Wechsel später wieder durch Nachindossament, so ist dies für ihn ein neuer Rechtserwerb, unterliegt mithin der Bestimmung des Art. 16 Abs. II.

Ein solcher Nachindossant ist einmal jeder, der den Wechsel nach Protest erwirbt und weiterindossiert, dann aber auch derjenige vorprotestliche Inhaber, der den Protest erheben läßt und dann den Wechsel durch Nachindossament weiter begibt.[3]

---

[1] Vgl. oben § 18.

[2] Vgl. RG. vom 12. Februar 1898 in der Juristischen Wochenschrift 1898 S. 225. Bolze VIII Nr. 364.

[3] Ein solcher Protesterheber ist z. B. Nachindossatar in dem der Entscheidung des RG. XXIII S. 49 ff. zugrunde liegenden Falle. Hier hat allerdings kein förmliches Nachindossament stattgefunden, sondern der Remittent-Nachindossant hat den Wechsel von den Nachindossataren zurückbekommen, die Nachindossatare durchstrichen und sich so als letzten Inhaber legitimiert. Die Entscheidung des Reichsgerichts, die dem Remittent-Nachindossanten (-Nachindossatar) seine alten Rechte frei von Einreden aus der Person der Nachindossatare (-Nachindossanten) gibt, ist als falsch zu bezeichnen. Denn sie übersieht die Tatsache, daß der Remittent bei der Indossierung nach Protest sein altes Recht endgültig aufgegeben hat. Diese Rechtsaufgabe kann er nicht durch das Durchstreichen seiner Nachmänner nach Protest ungeschehen machen. Dieses hat vielmehr materiell dieselbe Folge, wie ein Indossament nach Protest. Ebenso Staub Anm. 7 zu Art. 16 und Hellwig S. 298.

§ 20.

Die Gruppe der Nebenbeteiligten.

Hierunter sollen diejenigen verstanden werden, deren Beteiligung nicht erforderlich ist, wenn ein normaler, mit Indossamenten versehener Wechsel vorliegen soll, deren Nennung auf dem Wechsel vielmehr eine mehr oder weniger eingreifende Komplizierung der wechselrechtlichen Verhältnisse hervorruft: der Avalist, der Domiziliat, die Intervenienten.

α) Nach Protest wird an den Avalisten indossiert.

Der Avalist geht durch seine. Zeichnung auf dem Wechsel als Bürge eine eigene, kumulative, solidarische Wechselverpflichtung[1] ein.

I. Wird vor Protest an ihn indossiert, so vereinigen sich in seiner Person Wechselgläubiger und Wechselschuldner. Als Wechselschuldner haftet er in demselben Umfange, wie der Prinzipalverpflichtete: als Indossantenavalist bedingt, als Akzeptantenavalist in der Regel[2] unbedingt. Falls der Avalistvorindossatar den Wechsel vor Protest weiterindossiert, so gilt bezüglich der aufschiebenden Bedingung der Geltendmachung seines Gläubigerrechts das oben für Aussteller und Indossanten Gesagte.

II. Löst er nach Protest den Wechsel ein und läßt er hierbei ein Indossament auf sich ausstellen,[3] so ist dies, da er Wechselschuldner ist, im Zweifel ebenso aufzufassen, wie ein Rückindossament an einen regreßpflichtigen Vorindossanten, nämlich als Einlösung im Regreßwege. Es erlischt daher mit seiner eigenen Wechselverpflichtung auch die seiner vorprotestlichen Nachmänner, denn diesen war er ja selbst verpflichtet.[4] Das Recht des Wechselinhabers gegen den Prinzipalverpflichteten und dessen Vormänner sowie den Akzeptanten geht jedoch nicht unter.

---

[1] RG. XL S. 57. [2] Ausnahme: Domizilwechsel.

[3] Ein Recht, diese Girierung des Wechsels an sich zu verlangen, hat er nicht: RG. VIII S. 46; Kuntze S. 122.

[4] Ebenso Grünhut, Wechselrecht II § 76 S. 31 unten.

Der Avalistnachindossatar ist vielmehr nach Art. 36 WO. legitimiert, es in voller Höhe gegen einen Mitavalisten, den Hauptverpflichteten und dessen Vormänner geltend zu machen, selbst wenn er nach dem zugrunde liegenden zivilrechtlichen Verhältnisse nur zu einem Teile regreßberechtigt ist. Natürlich kann ein derartig mit der Wechselklage belangter Wechselschuldner einwenden, daß der Kläger das Ganze oder einen Teil seiner Forderung nach zivilrechtlichen Grundsätzen zurückzugeben hat.[1] Man könnte auf den ersten Blick im Zweifel darüber sein, ob es einen praktischen Zweck hat, wenn der Avalist bei der nachprotestlichen Einlösung des Wechsels auch noch ein Nachindossament auf sich ausstellen läßt. Denn die Forderung des Wechselinhabers geht ja auf ihn kraft Gesetzes über, er erhält also durch ein derartiges Nachindossament scheinbar nicht mehr, als was er schon hat. Dem ist aber nicht so. Einmal gehen die Rechte des befriedigten Gläubigers, falls Nachindossierung an den Avalisten nicht stattgefunden hat, nach den Grundsätzen des bürgerlichen Rechts nur insoweit über, als der Avalist von dem Hauptschuldner oder seinen Mitavalisten Ausgleichung verlangen kann. Im übrigen geht das Recht des Gläubigers unter. Im Fall des Nachgiros an den Avalisten kann dieser dagegen das Recht des Gläubigers in voller Höhe geltend machen und dringt mit seiner Klage auch durch, sobald der Beklagte versäumt, Einwendungen aus dem zugrunde liegenden zivilrechtlichen Verhältnisse zu erheben.[2] Der andere Vorteil des nachprotestlichen Giros an den Avalisten ergibt sich daraus, daß dieser ohne Nachindossament unfähig ist, den Wechsel weiterzuindossieren. Wenn er nicht auch Vorindossant ist, so kann er den Wechsel nicht schon infolge der Einlösung weiterbegeben, er ist dazu nicht legitimiert. Diese Legitimation verschafft ihm das Nachindossament.[3]

---

[1] Vgl. hierzu: ROHG. XVIII S. 367. Ferner: Böhlau S. 404 ff. (besondere Berücksichtigung der Rechtsprechung des Oberappellationsgerichts Rostock); Lehmann § 120 S. 478; v. Canstein § 21 S. 316 ff.; Grünhut, Wechselrecht II § 76 S. 32; Bernstein § 1, 3 d zu Art. 81.

[2] Derselben Meinung: Strass S. 217 ff., bes. S. 234.

[3] Ebenso Grünhut, Wechselrecht II Anm. 24 zu § 76.

β) Nach Protest wird an den Domiziliaten indossiert.

I. Wird vor Protest an ihn indossiert, so hat dies keine besondere Wirkung. Er erwirbt sein Wechselrecht originär, ist Wechselgläubiger, aber nicht Wechselschuldner, nicht einmal bedingt.

II. Zahlt er nach Verfall, so wird vermutet, daß er Zahlung für den Bezogenen leisten wolle. Diese Vermutung gilt nach Ansicht des Reichsoberhandelsgerichts[1] auch dann, wenn der Domiziliat bei[2] der (vor oder nach Protest erfolgenden) Zahlung den Wechsel auf sich indossieren läßt. Dies ist jedoch abzulehnen. Ein Nachindossament (für uns kommt nur die Zahlung nach Protest in Betracht) an den Domiziliaten, der für den Bezogenen zahlt, ist wegen Erlöschens der ganzen Wechselobligation völlig wertlos.[3] Warum soll nun, wenn jemand einen bestimmten Rechtsakt vornehmen läßt, präsumiert werden, daß er den Willen gehabt hat, damit ein Nichts zu schaffen? Ist nicht vielmehr im Rechtsleben die Präsumtion des Vernünftigen — und nicht des Unvernünftigen — einer der obersten Grundsätze? Ist also, wenn ein Rechtsgeschäft ein vernünftiges Motiv und einen positiven Erfolg haben kann, nicht anzunehmen, daß dies gewollt sei? Unserer Meinung nach ist daher die Tatsache, daß der Domiziliat bei der nach Protest erfolgenden Zahlung auf sich nachindossieren läßt, als unzweideutige Erklärung aufzufassen, daß er nicht als Domiziliat für den Bezogenen zahlen, sondern den Wechsel nur kaufen will. Er erwirbt daher die seinem Nachindossanten zustehenden Rechte gegen alle Wechselverpflichteten und kann diese Rechte auch durch Indossament weiterübertragen. Die Vermutung, daß der Domiziliat, der nach Protest bei der

[1] ROHG. V S. 128.

[2] Anders ist der Fall geartet, der dem ROHG. zur Entscheidung vorlag. Hier hatte der Domiziliat nicht bei der nach Protest erfolgenden Zahlung, sondern erst etwa vier Wochen nach dieser Zahlung den Wechsel auf sich indossieren lassen. Hier ist es natürlich nicht angängig, den ursprünglich erklärten Zahlungswillen nachträglich in einen Erwerbswillen umzuwandeln.

[3] Staub Anm. 54 zu Art. 82.

Zahlung auf sich indossieren läßt, nicht für den Bezogenen zahlen wolle, gilt mit noch viel größerem Rechte, wenn er zugleich regreßpflichtiger Vormann ist. Denn dann liegt es sehr oft in seinem Interesse, nicht für den Bezogenen zu zahlen, sondern nur für sich, und sich so seine Regreßrechte zu wahren. Das Reichsoberhandelsgericht verlangt auch für diesen Fall ausdrückliche Erklärung des Willens, für sich zahlen zu wollen, im Protest, das Reichsgericht[1] dagegen hält es für genügend, wenn sein Wille, nur für sich zahlen zu wollen, auch aus anderen Umständen als einer ausdrücklichen Erklärung im Protest hervorgeht. Ob es als solchen Umstand auch die bloße Tatsache der nachprotestlichen Indossierung bei der Zahlung ansieht, wie wir es tun, ist aus der angeführten Entscheidung nicht zu entnehmen.

γ) Nach Protest wird an einen Intervenienten indossiert.

Der Notadressat haftet, ebenso wie der Bezogene, als solcher nicht. Im Fall des Nachindossaments gilt daher das in § 19 α Gesagte.

Der Ehrenakzeptant ist ein wirklicher Akzeptant mit gewissen Besonderheiten seiner Verpflichtung, die sich aus seiner Eigenschaft als Intervenient, aus der Tatsache, daß die Akzeptation lediglich zur Abwendung einer bestimmten Regreßpflicht geschieht, ergeben.[2] Er ist also wechselverpflichtet, nicht wechselberechtigt.

I. Wird vor Protest an ihn indossiert, so tritt nicht confusio ein, weil er — dies ist eine der Besonderheiten seiner Verpflichtung — nur unter der Bedingung Schuldner geworden ist, daß der Wechsel nach Verfall dem Bezogenen zur Zahlung vorgelegt und Protest mangels Zahlung erhoben wird.[3]

II. Auch nach erhobenem Proteste schuldet der Ehrenakzeptant noch bedingt: wird ihm nicht spätestens am zweiten

---

[1] RG. XXXVI S. 97 ff., bes. S. 101.

[2] So auch Staub 4. Auflage § 1 zu Art. 60 und Cosack S. 297. Anderer Meinung: Staub 5. Auflage Anm. 1 zu Art. 60; Volkmar u. Loewy S. 215; Rehbein Anm. 6 zu Art. 60.

[3] Vgl. Cosack S. 297.

Werktage der Wechsel zur Zahlung vorgelegt, so wird er frei.[1] Ist aber die Bedingung erfüllt, und wird nach Protest an ihn indossiert, so treffen Gläubiger und Schuldner in einer Person zusammen. Die Wechselobligation der Nachmänner des Honoraten erlischt. Denn jede, auch die gegen Nachindossament erfolgende Zahlung des Ehrenakzeptanten charakterisiert sich im Zweifel als Ehrenzahlung,[2] hat also die im Art. 63 bestimmte Rechtsänderung zur Folge: der Ehrenzahler tritt in die Rechte des Inhabers gegen den Honoraten, dessen Vormänner und den Akzeptanten ein.

Halten wir vorerst den einfachen Fall im Auge, daß der Ehrenzahler den Wechsel nach Protest einlöst, ohne ein Nachindossament auf sich stellen zu lassen, so geht die richtige Meinung[3] dahin, daß der Ehrenzahler nur zeitlich als Nachfolger an die Stelle des befriedigten Inhabers tritt, daß er jedoch nicht als dessen Rechtsnachfolger sein Recht durch obligatorische Sukzession ableitet. Das Gesetz hat eben die Neigung zur Ehrenzahlung möglichst heben wollen und als besten Weg hierzu den originären Rechtserwerb des Ehrenzahlers angesehen. Auch die Fassung der einschlagenden gesetzlichen Bestimmungen spricht für diese Auslegung. Da, wo die WO. vom abgeleiteten Rechtserwerb spricht (Art. 16 Abs. II), sagt sie: der Nachindossatar hat „nur die Rechte seines Indossanten". In Art. 63 heißt es allgemein, daß der Ehrenzahler „in die Rechte des Inhabers eintritt".

Wenn nun aber der Ehrenzahler auf sich ein nachprotestliches Indossament stellen läßt, — auch hier wird das, ebenso wie beim Avalisten, praktisch wegen der Legitimation zum Weiterindossieren[4] —, muß er sich dann Einreden aus der Person des Nachindossanten (des Wechselinhabers) entgegenhalten lassen? Es ist nicht ganz unbedenklich, auch hier von einer „bloß formellen Rückgirierung" zu sprechen, so, wie man es beim Rückindossa-

---

[1] Vgl. hierzu Staub Anm. 4 zu Art. 60.

[2] Staub Anm. 6 zu Art. 63.

[3] Staub Anm. 8 zu Art. 63; v. Canstein § 24 S. 377, Anm. 69 zu § 24; Volkmar u. Loewy S. 224, 226; Goldschmidt S. 289; Bernstein § 2, 1b zu Art. 63; Grünhut, Wechselrecht II § 135 S. 506. — Anders Lehmann § 140 S. 569.

[4] Vgl. § 20α am Ende und Grünhut, Wechselrecht II § 135 S. 512.

ment an den Vorindossanten tut, das bei oberflächlicher Betrachtung zum Vergleich geeignet erscheint. Denn dort ist das Rückindossament tatsächlich überflüssig; hier dagegen erfüllt es eine selbständige Verrichtung: der Indossatar erhält die Legitimation zum Weiterindossieren. Wird er dadurch nun zum Indossatar des Art. 16 Abs. II?

Man wird auch hier berücksichtigen müssen, daß eine möglichst große Bereitwilligkeit zur Ehrenzahlung im Interesse des Wechselverkehrs und daher auch im Willen des Gesetzes liegt, und wir werden deshalb sagen dürfen, daß die Vorschrift des Art. 16 Abs. II vom abgeleiteten Rechtserwerb durch nachprotestliches Indossament weichen muß vor der Tatsache, daß das Gesetz nach der richtigen Meinung einen originären Erwerb nach Protest ausdrücklich in diesem einen Falle zuläßt.

Indossiert der Ehrenzahler weiter, so ist Gegenstand des Nachindossaments dieses sein originär erworbenes Recht.

Viertes Kapitel.

Das Verhältnis zwischen Nachindossatar und den Wechselbeteiligten.

1. Die rechtliche Natur dieses Verhältnisses.

§ 21.

Die Stellung des Nachindossatars gegenüber Akzeptant, Aussteller und Vorindossanten.

Wie schon oben dargestellt, ist der Rechtserwerb des Nachindossanten kein originärer mit Ausnahme der die Aktivlegitimation am Wechsel betreffenden Rechte. Er erlangt „nur die Rechte seines Indossanten gegen Akzeptanten,[1] Aussteller und Vorindossanten", und deren Mitverhaftete, wie wir ergänzend hinzu-

[1] Und zwar gegen den Akzeptanten auch dann, wenn er erst nach Protest akzeptiert; ebenso Grünhut, Wechselbegebung S. 50, Wechselrecht II § 95 S. 173; Ronniger S. 75; Landsberger S. 19.

fügen. Abweichende Auffassungen finden sich vor allem bei Thöl und Biener.

Thöl nimmt hinsichtlich des Rechts auf die Wechselsumme — dagegen nicht hinsichtlich des Rechts auf die Regreßsumme — ein selbständiges Recht des nachprotestlichen Indossatars gegen den Akzeptanten an. Wenn also der Nachindossatar gegen letzteren lediglich auf Grund des Wechsels — und nicht auch auf Grund des Protestes — klagt, so kann nach dieser Ansicht der Akzeptant Einreden aus der Person der nachprotestlichen Vormänner des Klägers nicht geltend machen.[1] Hiergegen ist zu sagen, daß die Absicht einer derartigen Regelung des Verhältnisses zwischen Nachindossatar und Akzeptant aus der WO. schlechterdings nicht zu ersehen ist. Das Eigenartige ist, daß Thöl selbst auf dem Standpunkte steht, daß an sich der Nach-Protest-Indossatar kein ursprüngliches Recht gegen den Akzeptanten hat, daß er aber der Meinung ist, die WO. treffe eine abweichende Regelung.

Biener[2] unterscheidet, ob der Bezogene akzeptiert hat oder nicht. Im ersteren Falle gibt er dem Nachindossatar gegen sämtliche Wechselschuldner nur abgeleitete Rechte, wie einem Zessionar. Liegt dagegen ein Akzept vor, läßt er den Akzeptanten dem Nachindossatar gegenüber unbeschränkt wechselmäßig haften Auch diese Ansicht muß, als aus der WO. nicht zu begründen, abgelehnt werden.

§ 22.

Die Stellung des Nachindossatars gegenüber dem Nachindossanten.

Da Art. 16 Abs. II WO. die wechselmäßige Haftung des Nachindossanten ausschließt, besteht zwischen ihm und dem Indossatar nach Protest überhaupt kein wechselrechtliches Verhältnis. Wohl aber kann das Verhältnis ein zivilrechtliches sein. Die Haftung des Nachindossanten richtet sich dann danach, ob das zugrunde liegende Geschäft der Übertragung einer Forderung ein entgeltliches oder ein unentgeltliches ist. Naturgemäß ist bei

[1] Thöl § 128 S. 490.

[2] Biener S. 437 ff.

Vorhandensein mehrerer Nachindossanten der Sprungregreß ausgeschlossen.

Eine eigenartige Auffassung des Rechtsverhältnisses zwischen Nachindossatar und Nachindossanten findet sich bei THÖL.[1] Dieser schließt die Verpflichtungswirkung des nachprotestlichen Indossaments nur dann aus, läßt also den Art. 16 Abs. II nur dann zur Anwendung kommen, wenn dem Nachindossatar der Protest ausgehändigt oder versprochen worden ist. Dann könne der Nachindossant, wenn der Nachindossatar nochmals einen Protest erhoben hätte und ihn nun auf Grund dieses Protestes belangte, im Wege der Einwendung geltend machen, daß der Protest bereits erhoben und dem Kläger ausgehändigt oder versprochen sei. In allen anderen Fällen habe der Wechsel zwischen Nachindossant und nachprotestlichem Indossatar als nicht protestierter zu gelten. Diese Auffassung THÖLs hat etwas für sich, wenn man sich in die Lage des Nachindossatars versetzt, dem der Nachindossant arglistig die Tatsache der Protesterhebung verschwiegen hat. Dem Nachindossatar aber hier nicht nur eine zivilrechtliche Schadensforderung, sondern auch einen Wechselanspruch gegen den betrügerischen Nachindossanten zu geben, ist ein Entgegenkommen gegen den Nachindossatar, das sich auf das Gesetz nicht gründen läßt.[2]

§ 23.

2. Der Umfang des Anspruchs, den der Nachindossatar gegen die Wechselschuldner geltend machen kann.

Der Anspruch des ersten Nachindossanten, der auf jeden nachprotestlichen Indossatar übergeht, setzt sich zusammen aus der nicht bezahlten Wechselsumme nebst 6 % Jahreszinsen vom Verfalltage ab, den Protestkosten und anderen Auslagen und einer Provision von $^1/_3$ %.[3] Findet sich unter den Nachindossanten,

---

[1] THÖL § 128 S. 494 ff.

[2] Ebenso GRÜNHUT, Wechselrecht II Anm. 10 zu § 95; BRAUER S. 54; BRAUN § 58 S. 277; JOLLY S. 43.

[3] Eigene Provision fordern darf der nachprotestliche Indossatar nicht (RG. XVIII S. 140).

sei es als erster, sei es als späterer, ein Vorindossant, der den Wechsel im Regreßwege eingelöst hat, so gehen dessen Rechte auf die ferneren Nachindossatare über. Diese setzen sich zusammen aus der von ihm bezahlten Summe (Regreßsumme) nebst 6 % Jahreszinsen vom Tage der Zahlung an, den ihm erstandenen Kosten und einer Provision von $^{1}/_{3}$ %.[1]

3. Die Einwendungen der Wechselschuldner gegen den Nachindossatar.

§ 24.

Der Personenkreis, aus dem Einwendungen zulässig sind.

Die Frage, aus welchem Personenkreis der belangte Wechselschuldner die Einreden entnehmen kann, die er dem Kläger entgegenhalten will, kann gestellt werden

α) einmal hinsichtlich der aus dem Wechsel ersichtlichen Personen, der Nachindossanten.

Daß sich der Nachindossatar die Einreden aus der Person des ersten Nachindossanten entgegenhalten lassen muß, auch wenn er noch mehrere nachprotestliche Vormänner hat, ist, abgesehen von denen, die überhaupt einen unselbständigen Rechtserwerb des Nachindossatars nach Protest leugnen,[2] wohl von niemand bestritten. Wolff[3] meint, daß eine gegenteilige Auffassung „geradezu unsinnig erscheinen würde“.

Sofort beginnt aber die Meinungsverschiedenheit darüber, ob der Wechselschuldner auch Einreden aus der Person der sogenannten Zwischenmänner, d. h. der zwischen erstem Nachindossanten und dem klagenden Nachindossatar stehenden Nachindossanten, erheben kann. Diejenigen, die das leugnen, gehen davon aus, daß der Wechsel mit dem Protest aufhört, Zirkulationspapier zu sein. Als berechtigter Gläubiger solle infolgedessen nur der protestierende Inhaber gelten. Es werde gleichsam fingiert, daß ein späterer Nachindossatar Rechte nur im Namen dieses ersten Nachindossanten ausüben könne, nicht dagegen im

---

[1] Art. 51 WO. [2] So Ronniger. [3] Wolff S. 167.

eigenen Namen. So hätten Rechte und Pflichten mit der Protestaufnahme ihren Abschluß gefunden.[1] Oder sie wählen unter denen, die Einreden auch aus der Person der Zwischenmänner zulassen, diejenigen aus, die im nachprotestlichen Indossament eine Zession sehen und daraus ihre Beantwortung der hier vorliegenden Frage herleiten, und sagen mit vollem Rechte, daß mit der Ablehnung der erwähnten Zessionstheorie auch die aus ihr gezogene Schlußfolgerung falle.[2] Die erstere von Wolff vertretene Auffassung müssen wir aus denselben Gründen verwerfen, aus denen wir sie früher, bei Besprechung der Natur des nachprotestlichen Indossaments, in der von Grünhut gegebenen Formulierung[3] verworfen haben. Wir bestreiten, daß man den Wechselinhaber zur Verfallzeit als „definitiven Gläubiger" bezeichnen kann. Der von Grünhut in seiner Wechselbegebung bei Bekämpfung der richtigen Ansicht eingeschlagene Weg ist überhaupt nur gegenüber den Anhängern der genannten Zessionstheorie begehbar. Zu diesen gehören wir nicht.

Für uns ist allein maßgebend Art. 16 Abs. II. Dieser gibt dem Indossatar „nur die Rechte seines Indossanten" gegen Akzeptanten, Aussteller und Vorindossanten. Es mag nun bei geradezu sklavischer Bindung an den Wortlaut Wolff zugegeben werden, daß im Abs. II des Art. 10 allerdings nur von dem Indossamente, also nur von einem Indossamente die Rede ist, und daß nach der Weise, in der dies Indossament im Abs. II sprachlich mit der Protesterhebung verbunden wird, an sich nur an das erste Indossament, den ersten Nachindossanten, den ersten Nachindossatar gedacht werden kann. Wir sind jedoch weit davon entfernt, diese Art von Auslegung für die richtige zu halten. Der Art. 16 Abs. II hat das Institut des Nachindossaments regeln wollen. Wenn der Gesetzgeber von „dem" Indossament, „dem" Indossatar, „dem" Indossanten spricht, so ist damit das genus gemeint. Auch Wolff geht ja von der engen Auslegung ab hinsichtlich des Wortes „Indossatar"[4]; er kommt aber merkwürdiger-

[1] Wolff a. a. O.

[2] So Grünhut, Wechselbegebung S. 59.

[3] Grünhut, Wechselrecht II § 94 S. 168.

[4] Wolff S. 167 oben und Mitte.

weise von der sklavisch engen Auslegung nicht los hinsichtlich des Wortes „Indossant".[1]

Vermittels einer sinngemäßen Deutung des Art. 16 Abs. II kommen wir also zu dem Ergebnis, daß der vom nachprotestlichen Indossatar belangte Wechselschuldner ersterem die Einreden sowohl aus der Person des ersten, als auch aus der Person aller weiteren Nachindossanten entgegenhalten kann.[2]

Die Frage, aus welchem Personenkreis der Wechselschuldner Einreden gegen den nachprotestlichen Indossatar entnehmen kann, ist aber auch noch zu beantworten

β) hinsichtlich der aus dem Wechsel nicht ersichtlichen Vormänner des Klägers, der sogenannten Blankotradenten.

Von ihnen ist im Art. 16 Abs. II überhaupt nicht die Rede. Lehmann[3] folgert daraus, daß Einreden aus ihrer Person dem nachprotestlichen Indossatar gegenüber nicht erhoben werden können, das Gesetz lasse ihn nur die Rechte „seines Indossanten" erwerben. Auch Grünhut[4] schließt aus diesem Grunde Einreden aus der Person des Blankotradenten aus.

Unsres Erachtens ist dies falsch. Wenn der vorprotestliche Blankotradent dem Indossanten nicht gleichgestellt wird, so hat dies seinen guten Grund in der Natur des Wechsels als Umlaufspapier, dessen Wert eben in der Durchsichtigkeit der Rechtsverhältnisse, in der sofortigen Erkennbarkeit der Haftpflichtigen liegt. Nach Protest hat der Wechsel den Charakter des Umlaufs-

---

[1] Wolff S. 168 oben, die Parenthese.

[2] Ebenso Hoffmann in Siebenhaars Archiv XIV S. 243; Rehbein Anm. 23 zu Art. 9—17; Grünhut, Wechselrecht II § 95 S. 174; Lehmann § 124 S. 496; Dernburg § 266 S. 290; Staub Anm. 9 zu Art. 16; RG. XIV S. 105 ff. Anderer Meinung: v. Canstein Anm. 27 zu § 20; Grünhut, Wechselbegebung S. 60; Kuntze u. Brachmann Anm. 19 zu § 48; Mittermaier in Siebenhaars Archiv I S. 31.

[3] Lehmann § 124 S. 496, s. auch Anm. 9 zu § 124.

[4] Grünhut, Wechselrecht II § 95 S. 174 ff.; ebenso Ob.-Trib. Berlin Siebenhaars Archiv XVIII S. 379.

papiers verloren. Der Umfang der Rechte des jeweiligen Nachindossatars ist nicht mehr aus dem Wechsel zu ersehen, sondern wird bestimmt durch die Rechte der vor ihm stehenden Nachindossanten. Dem Nachindossatar völlig unbekannte Einreden aus der Person dieser Vormänner können sein Recht zunichte machen. Durchsichtigkeit der Rechtsverhältnisse und Schnelligkeit des Rückgriffs ist nicht mehr nötig, da eine Regreßpflicht der Nachindossanten nicht besteht. Es liegt demnach hinsichtlich des Wechsels nach Protest kein Grund vor, nur den als Vormann zu behandeln, der als Indossant aus dem Wechsel ersichtlich ist. Auch aus der Person des nachprotestlichen Blankotradenten kann somit der Wechselschuldner Einreden herleiten.[1]

Für die Ausschließung dieser Einreden führt GRÜNHUT vor allem auch Billigkeitserwägungen ins Feld: ließe man sie zu, so laufe der nachprotestliche Wechselerwerber Gefahr, sein Recht durch Einreden aus Personen, auf die er gar nicht gefaßt sein könne, völlig zu verlieren. Aber gerade diese Billigkeitserwägungen sind hier am wenigsten am Platze: schon oben haben wir ausgeführt, daß der nachprotestliche Indossatar ein diskreditiertes Papier erwirbt. Mit Rücksicht darauf zahlt er ja auch weniger für den Wechsel. Selbst wenn kein einziger nachprotestlicher Blankotradent vorhanden ist, befindet er sich immer in der Gefahr, sein Recht durch ihm unbekannte Einreden aus der Person der ihm allerdings bekannten Nachindossanten völlig zu verlieren. Wieso es nun als Härte erscheinen soll, wenn er sich auch gegebenenfalls ihm unbekannte Einreden aus der Person ihm unbekannter Vormänner gefallen lassen muß, ist nicht erfindlich. Für den, der sich mit sehenden Augen in eine Gefahr, in ein völlig Ungewisses, begibt, ist eine kleine Erweiterung des Risikos keineswegs eine Unbilligkeit, ist jedenfalls gegenüber den von uns für die Zulässigkeit dieser Einreden angeführten Gründen ohne Durchschlagskraft.

[1] STAUB Anm. 11 zu Art. 16; BERNSTEIN § 4, B, 1b zu Art. 16; ROHG. XIII S. 35 ff.

§ 25.

Zeitliche Begrenzung der Einwendungen.

Da das nachprotestliche Indossament keine Zession ist, so kommt für dasselbe auch an sich nicht der § 404 BGB. in Frage, wonach der Schuldner dem neuen Gläubiger die Einwendungen entgegensetzen kann, die zur Zeit der Abtretung der Forderung gegen den bisherigen Gläubiger begründet waren. Der Art. 16 Abs. II ist nun freilich betreffs der zeitlichen Begrenzung der Einwendungen nicht ganz deutlich. Es heißt darin, daß der nachprotestliche Indossatar nur die Rechte seines Indossanten „hat". Es heißt nicht, daß er diese Rechte „mit dem Nachindossament erwirbt". Bei letzterer Ausdrucksweise wäre es wohl zweifellos, daß die WO. den Indossatar nach Protest in den Rechtszustand eintreten lassen will, der bei der Nachindossierung besteht. Es wäre dann ohne weiteres klar, daß Einreden, welche nach dem Zeitpunkt des Nachindossaments gegen den Nachindossanten begründet wären, dem Nachindossatar nicht entgegengehalten werden könnten. So aber, wie Art. 16 Abs. II in Wirklichkeit lautet, ist die Annahme sehr wohl denkbar, daß das Gesetz bei einer Klage des Nachindossatars gegen den Wechselschuldner hinsichtlich der Einwendungen aus der Person des Nachindossanten die Rechte der Parteien genau so bemessen haben will, als habe eine Indossierung an den Nachindossatar gar nicht stattgefunden, als klage der Nachindossant selbst,[1] mit anderen Worten: es ist bei der Fassung des Abs. II nicht ohne weiteres der Gedanke abzulehnen, daß nach der WO. der Wechselschuldner sich gegenüber dem nachprotestlichen Indossatar auch solcher Einwendungen aus der Person des Nachindossanten bedienen kann, die erst nach dem Zeitpunkte des Nachindossaments begründet waren.

Als richtig anerkennen können wir diese Auffassung freilich nicht. Obwohl der § 404 BGB. auf das nachprotestliche Indossament keine Anwendung findet, so hat doch der darin ausgesprochene Rechtsgrundsatz der zeitlichen Begrenzung der Ein-

[1] So BRAUN § 59 S. 279. Ähnlich MITTERMAIER S. 31.

wendungen bei einem Übergang des Forderungsrechts viel zu allgemeine Bedeutung für alle verschiedenen Rechtsgebiete, als daß man ihn nicht auch im Wechselrecht anerkennen sollte. Er enthält sicher eine gewisse Benachteiligung des Schuldners, aber er ist begründet in der vom modernen im Gegensatz zum alten Recht vollständig anerkannten Mobilisierung der Forderung; es wäre deshalb ungerechtfertigt, ihn bei einem derartig ausgesprochenen Verkehrsinstrument als nicht anwendbar zu erklären, wie es das Indossament, und auch noch das nachprotestliche Indossament, darstellt.[1]

§ 26.

Einzelne besonders bemerkenswerte Einwendungen.

Die Einwendungen, die der Wechselschuldner dem klagenden Gläubiger entgegensetzen kann, sind entweder solche, die ihm unmittelbar gegen den Kläger zustehen, oder solche, die aus dem Wechselrechte selbst hervorgehen. Zu ersteren kommen, falls der Kläger ein nachprotestlicher Indossatar ist, auch noch die hinzu, die der Schuldner aus der Person der nachprotestlichen Vormänner des Klägers geltend machen kann. Die letzteren bieten für das Indossament nach Protest nichts Besonderes. Nur hinsichtlich der Verjährung sei bemerkt, daß sich der nachprotestliche Indossatar einen dahingehenden Einwand als in rem wirkend natugemäß entgegenhalten lassen muß, daß ihm aber auf der anderen Seite auch die von seinem Vormann bewirkte Unterbrechung der Wechselverjährung zugute kommt.[2] Von den persönlichen Einreden sind jedoch im folgenden einzelne herauszuheben, vor allem auch diejenigen, auf deren Behandlung die jeweils angenommene Theorie von der Natur des nachprotestlichen Indossa-

[1] Dieselbe Ansicht glauben wir bei allen den Schriftstellern vermuten zu dürfen, die sich, wie z. B. Bernstein, ausdrücken: „der nachprotestliche Indossatar erwirbt die Rechte gegen die Wechselverpflichteten in dem Umfange, wie sie dem Nachindossanten zustanden“ (Bernstein § 4B 1,a zu Art. 16) oder wie Staub: „es werden die Rechte übertragen, die den Nachindossanten zustehen (Staub Anm. 9 zu Art. 16).

[2] ROHG. XXIII S. 406.

ments von Einfluß ist, oder deren Handhabung im wirklichen oder scheinbaren Gegensatze zu dieser Theorie steht.

α) Der Einwand der Aufrechnung.

Da das Indossament nach Protest als Gebilde des Wechselrechts nur nach den Bestimmungen der WO., und nicht nach denen des BGB. (§ 398ff.) zu behandeln ist, so findet auch § 406 BGB. keine Anwendung. Es gilt also auch für den Aufrechnungseinwand der allgemeine Grundsatz, daß er dem Nachindossatar aus der Person des Nachindossanten nur dann entgegengehalten werden kann, wenn er zur Zeit des Nachindossaments gegen den Nachindossanten begründet war.[1]

β) Der Einwand der Simulation.

Nach § 405 BGB. ist der Einwand der Simulation ausgeschlossen, wenn der Schuldner eine Urkunde über die Schuld ausgestellt hat, und die Forderung unter Vorlegung der Urkunde abgetreten wird. Auch diese Bestimmung ist, da das nachprotestliche Indossament keine Zession ist, auf dasselbe nicht anwendbar.[2]

γ) Der Einwand des Gefälligkeitswechsels.

Dieser Einwand bedeutet, daß der belangte Wechselschuldner sein Versprechen nur gegen die Verpflichtung des Wechselnehmers abgegeben hat, daß dieser den Wechsel einlösen wolle und daß er demnach nicht berechtigt sein solle, den Wechselschuldner aus seinem Versprechen haftbar zu machen.[3] Ist nun dieser Wechselnehmer Nachindossant, so hätte an sich der nachprotestliche Indossatar nach dem von uns vertretenen Grundsatze des derivativen Erwerbs der Gläubigerrechte den Einwand des Gefällig-

[1] Anderer Meinung ist Staub Anm. 9 zu Art. 16, der den Einwand der Aufrechnung ohne jede Beschränkung zuzulassen scheint. Das steht freilich im Widerspruch zu der von uns in Anm. 1 (zum Ende unseres § 25) ausgesprochenen Annahme.

[2] Ebenso Staub Anm. 9 zu Art. 16.

[3] Bolze I Nr. 835.

keitswechsels sich ebenfalls entgegenhalten zu lassen. Dies würde freilich dem ganzen Zweck, der mit der Angabe eines Wechselversprechens aus Gefälligkeit verfolgt wird, durchaus widersprechen. Dieser Zweck besteht darin, den Wert des Wechsels zu erhöhen, um so den Wechsel leichter in Verkehr bringen zu können.[1] Letzteres kann sowohl durch vor-, als durch nachprotestliches Indossament geschehen. Könnte der Wechselschuldner die Einlösung seines Versprechens gegenüber dem nachprotestlichen Indossatar verweigern, so wäre ihm vom Recht die Möglichkeit gegeben, sich mit seinem eigenen, durch Abgabe des Versprechens betätigten Willen in Widerspruch zu setzen; somit muß der Einwand des Gefälligkeitswechsels, als höchstpersönlicher, dem nachprotestlichen Indossatar gegenüber ausgeschlossen werden.[2]

δ) Der Einwand der rechtskräftig entschiedenen Sache.

Von diesem Einwand sei besonders hervorgehoben, daß er nicht in rem; sondern nur in personam wirkt.[3] Die Folge hiervon ist, daß ihn ein nachprotestlicher Indossatar, der den Wechsel im Regreßwege eingelöst hat, sich nicht entgegenhalten zu lassen braucht.

---

[1] Bolze II Nr. 808, III Nr. 545, V Nr. 497, XVIII Nr. 314.

[2] Ebenso Staub Anm. 22 zu Art. 82; Bernstein §§ 3, 52 zu Art. 82.

[3] Vgl. Staub Anm. 46 zu Art. 82; ROHG. VII S. 78 ff. Anders Hellwig S. 289 ff., bes. S. 292 (s. auch Anm. 12), S. 296, 297.

Literaturverzeichnis.

Allgemeine Deutsche Wechselordnung (WO).

Bernstein, Allgemeine Deutsche und Allgemeine Österreichische Wechselordnung, erläutert. 1898. (Bernstein.)

Biener, Wechselrechtliche Abhandlungen. 1859. (Biener.)

Binding, Der Vertrag als alleinige Grundlage der Inhaberpapiere in Goldschmidts Zeitschrift für das gesamte Handelsrecht X S. 400 ff. (Binding.)

Bolze, Die Praxis des Reichsgerichts in Zivilsachen. (Bolze).

Borchardt, Die Allgemeine Deutsche Wechselordnung. 1882. (Borchardt.)

Böhlau, Zur Ausgleichung der Valutenverhältnisse unter mehreren Mitausstellern eines eigenen Wechsels in Goldschmidts Zeitschrift für das gesamte Handelsrecht XVIII S. 404 ff. (Böhlau.)

Brauer, Die Allgemeine Deutsche Wechselordnung mit den Abweichungen der Österreichischen Wechselordnung. 1851. (Brauer.)

Braun, Die Lehre vom Wechsel nach der Allgemeinen Deutschen Wechselordnung. 1868. (Braun.)

Braun, Bemerkungen zu Art. 42 Satz 1 der Allgemeinen Deutschen Wechselordnung in Buschs Archiv für Theorie und Praxis des allgemeinen deutschen Handels- und Wechselrechts XXXVII S. 62 ff. (Braun in Buschs Archiv.)

Brentano, Die Allgemeine Deutsche Wechselordnung. 1884. (Brentano.)

Bürgerliches Gesetzbuch (BGB.).

Büsing, Wesen und Wirkungen des Indossaments in der heutigen deutschen Gesetzgebung. Rostocker Dissertation. 1903 (Büsing.)

von Canstein, Lehrbuch des Wechselrechts. 1890. (v. Canstein.)

Cohn, Beiträge zur Lehre vom einheitlichen Wechselrecht, enthalten in der Festgabe zum 50jährigen Doktorjubiläum des Herrn Geh. Rats Prof. Dr. J. C. Bluntschli, Heidelberg. 1880. (Cohn.)

Cosack, Lehrbuch des Handelsrechts. 1898. (Cosack.)

Dernburg, Das bürgerliche Recht des Deutschen Reichs und Preußens, II, 2. 1901. (Dernburg.)

Entscheidungen des Reichsgerichts in Zivilsachen (RG.).

Entscheidungen des Reichsoberhandelsgerichts (ROHG.).

Entscheidungen verschiedener Gerichte im
Recht, Rundschau für den deutschen Juristenstand;
Sächsischen Archiv für bürgerliches Recht und Prozeß;
SIEBENHAARS Archiv für Wechsel- und Handelsrecht;
STRIETHORSTS Archiv für Rechtsfälle, die zur Entscheidung des Kgl. Obertribunals gelangt sind.

GAREIS, Das deutsche Handelsrecht. 1903. (GAREIS.)

GOLDSCHMIDT, System des Handelsrechts. 1892. (GOLDSCHMIDT.)

GOLDSCHMIDT, Miscellen zur Theorie der Wertpapiere in seiner Zeitschrift für das gesamte Handelsrecht XXVIII S. 63 ff. (GOLDSCHMIDT in s. Ztschr. XXVIII.)

GOLDSCHMIDT, Die Kreationstheorie und der Entwurf eines Bürgerlichen Gesetzbuchs für das Deutsche Reich in seiner Zeitschrift XXXVI S. 124 ff. (GOLDSCHMIDT in s. Ztschr. XXXVI.)

GRÜNHUT, Die Lehre von der Wechselbegebung nach Verfall. 1871. (GRÜNHUT, Wechselbegebung.)

GRÜNHUT, Wechselrecht. In BINDINGS Systematischem Handbuch der deutschen Rechtswissenschaft. 3. Abt. 2. Teil. 2 Bde. 1897. (GRÜNHUT, Wechselrecht.)

GRÜNHUT, Lehrbuch des Wechselrechts. 1900.

Handelsgesetzbuch (HGB.).

HAGEN, Die Allgemeine Deutsche Wechselordnung und das Wechselstempelgesetz. 1875. (HAGEN.)

HARTMANN, Der rechtliche Charakter des Indossaments in LÖHRS Zentralorgan für das deutsche Handels- und Wechselrecht III S. 327 ff. (HARTMANN.)

HARTMANN, Das Indossament nach Verfall, ebenda III S. 475 ff. (HARTMANN.)

HELLWIG, Wesen und subjektive Begrenzung der Rechtskraft. 1901. (HELLWIG.)

HOFFMANN, Ausführliche Erläuterung der Allgemeinen Deutschen Wechselordnung nebst einer Einleitung in das Wechselrecht. 1859. (HOFFMANN.)

HOFFMANN, Beiträge zur Erklärung einzelner Artikel der Allgemeinen Deutschen Wechselordnung in SIEBENHAARS Archiv für deutsches Wechsel- und Handelsrecht X S. 146 ff. (HOFFMANN in SIEBENHAARS Archiv X.)

HOFFMANN, Beiträge zur Erklärung einzelner Artikel der Allgemeinen Deutschen Wechselordnung: Zur Lehre von dem Indossamente und der Begebung nach Verfall, ebenda XIV S. 230 ff. (HOFFMANN in SIEBENHAARS Archiv XIV.)

JAEGER, Die Konkursordnung auf der Grundlage des neuen Reichsrechts. 1904. (JAEGER.)

JOLLY, Von dem Indossamente in SIEBENHAARS Archiv für deutsches Wechsel- und Handelsrecht V S. 37 ff. (JOLLY.)

Juristische Wochenschrift.

KUNTZE, Deutsches Wechselrecht auf Grundlage der Allgemeinen Deutschen Wechselordnung und der Nürnberger Novellen. 1862. (KUNTZE.)

Kuntze und Brachmann, Das Wechselrecht in Endemanns Handbuch des deutschen Handels-, See- und Wechselrechts. 4. Bd. 2. Abt. 1884. (Kuntze u. Brachmann.)

Kuntze, Über den Verkehr mit negociablen Kreditpapieren, insbesondere über den Charakter der Kreation, des Akzepts und des Indossaments als einseitiger Literalakte in Siebenhaars Archiv für deutsches Wechsel- und Handelsrecht VIII S. 345 ff.

Kuntze, Bemerkungen zur Charakteristik der Allgemeinen Deutschen Wechselordnung, ebenda XI S. 128 ff.

Kuntze, Über Begriff und Charakter des Wechsels, ebenda XIV S. 1 ff. (Kuntze in Siebenhaars Archiv VIII, XI, XIV.)

Ladenburg, Begriff und Charakter des Wechsels in Siebenhaars Archiv für deutsches Wechsel- und Handelsrecht IX S. 340; XI S. 391.

Ladenburg, Vertrag oder Kreation, ebenda XIV S. 283.

Ladenburg, Ältere und neuere Theorie, ebenda XVIII S. 337. (Ladenburg.)

Landsberger, Das Indossament nach Verfall. Erlanger Dissertation. 1896. (Landsberger.)

Lehmann, Lehrbuch des deutschen Wechselrechts. 1886. (Lehmann.)

Lehmann, Die wechselrechtlichen Erkenntnisse des Reichsgerichts in Bd. 18—33 der „Entscheidungen", in Jherings Jahrbüchern der Dogmatik des heutigen römischen und deutschen Privatrechts XXXIV S. 400 ff. (Lehmann in Jherings Jahrb.)

Liebe, Die Allgemeine Deutsche Wechselordnung mit Einleitung und Erläuterungen. 1848. (Liebe.)

Martin, Über Indossamente, in besonderer Berücksichtigung des Indossamentes nach Verfall, im Neuen Archiv für Handelsrecht von Voigt, Heineken und Weber II S. 381 ff. (Martin.)

Mittermaier, Das Indossament nach dem Verfalltage, Erläuterung des Art. 16 der Deutschen Wechselordnung, in Siebenhaars Archiv für deutsches Wechsel- und Handelsrecht I S. 10 ff. (Mittermaier.)

Protokolle der zur Beratung einer Allgemeinen Deutschen Wechselordnung in der Zeit vom 20. Oktober bis zum 9. Dezember 1847 in Leipzig abgehaltenen Konferenz, nebst dem Entwurfe einer Wechselordnung für die preußischen Staaten, den Motiven zu demselben und dem aus den Beschlüssen der Konferenz hervorgegangenen Entwurfe. 1848. (Protokolle.)

Poeschel, § 952 des Bürgerlichen Gesetzbuchs. Leipziger Dissertation. (Preisarbeit.) 1907. (Poeschel.)

Rauth, Der Inhalt des § 952 des Bürgerlichen Gesetzbuchs. Leipziger Dissertation. (Preisarbeit.) 1906. (Rauth.)

Rehbein, Allgemeine Deutsche Wechselordnung mit Kommentar. 1904. (Rehbein.)

Renaud, Lehrbuch des Allgemeinen Deutschen Wechselrechts. 1868. (Renaud.)

Renaud, Der Einfluß des Konkurses auf die Wechselrechtsverhältnisse, in Siebenhaars Archiv für deutsches Wechsel- und Handelsrecht VIII S. 277. (Renaud in Siebenhaars Archiv.)

RIESSER, Zur Lehre von der rechtlichen Natur der Inhaberpapiere, in GOLDSCHMIDTS Zeitschrift für das gesamte Handelsrecht XXVIII S. 56 ff. (RIESSER in GOLDSCHMIDTS Zeitschr.).

RIESSER, Zur Lehre vom Wechselindossament nach Verfall, im Neuen Archiv für Handelsrecht von VOIGT, HEINEKEN und WEBER III S. 1 ff. (RIESSER im Neuen Archiv.)

RONNIGER, Das Nachindossament. Leipziger Dissertation. 1907. (RONNIGER.)

Scheckgesetz vom 11. März 1908.

SCHINDELHAUER, Über das Nachindossament der Allgemeinen Deutschen Wechselordnung. Erlanger Dissertation. 1896. (SCHINDELHAUER.)

SIEGEL, Das Versprechen als Verpflichtungsgrund im heutigen Recht. 1873. (SIEGEL.)

SOHM, Über Vertragsschluß unter Abwesenden, und Vertragsschluß mit einer persona incerta, in GOLDSCHMIDTS Zeitschrift für das gesamte Handelsrecht XVII S. 16 ff. (SOHM.)

STAUB, Kommentar zur Allgemeinen Deutschen Wechselordnung. 1901 (4. Aufl.). 1907 (5. Aufl.). (STAUB 4. Aufl.; STAUB.)

STAUDINGER, Kommentar zum Bürgerlichen Gesetzbuch und dem Einführungsgesetz. Sachenrecht. 1907. (STAUDINGER.)

STRANZ, J. und STRANZ, M., Allgemeine Deutsche Wechselordnung, Kommentar. 1906. (STRANZ.)

STRASS, Bemerkungen über die Verhandlungen der Nürnberger Konferenz, in SIEBENHAARS Archiv für deutsches Wechsel- und Handelsrecht IX S. 217 ff. (STRASS.)

THÖL, Das Handelsrecht II. (Das Wechselrecht.) 1878. (THÖL.)

VOLKMAR und LOEWY, Die deutsche Wechselordnung. 1862. (VOLKMAR und LOEWY.)

VOLKMAR und LOEWY, Begriff und Charakter des Wechsels in GOLDSCHMIDTS Zeitschrift für das gesamte Handelsrecht II S. 552 ff. (VOLKMAR und LOEWY in GOLDSCHMIDTS Ztschr.)

WOLFF, Das Indossament nach Verfall (Art. 16 der Allgemeinen Deutschen Wechselordnung) in SIEBENHAARS Archiv für deutsches Wechsel- und Handelsrecht XIII S. 137 ff. (WOLFF.)

Zwangsversteigerungsgesetz (ZwVG.).

Druck von Metzger & Wittig in Leipzig

FSC
www.fsc.org
MIX
Papier | Fördert gute Waldnutzung
FSC® C083411

Kolibri 360 GmbH
Ferdinand-Jühlke-Straße 7
99095 Erfurt, Deutschland
produktsicherheit@kolibri360.de